LE GÉNÉRAL BOULANGER

RÉFORMATEUR DE L'ARMÉE FRANÇAISE

DU MÊME AUTEUR :

DE L'ORGANISATION DES CIRCONSCRIPTIONS ÉLECTORALES en France (Grenoble, 1874). . . . . . 1 vol.

LE NOUVEAU REICHSTAG ALLEMAND pour la période législative 1887-1890. Notes biographiques sur tous les députés allemands (Dentu 1887). . . . . 1 —

CROQUIS ÉGYPTIENS. Le pays et le peuple. — L'instruction publique. — La justice. — Les finances. — Arabi et le Mahdi. — L'affaire du Bosphore. — Convention anglo-turque. — Conclusions. (Dentu 1887). 1 —

Imprimerie de Poissy. — S. Lejay et Cie.

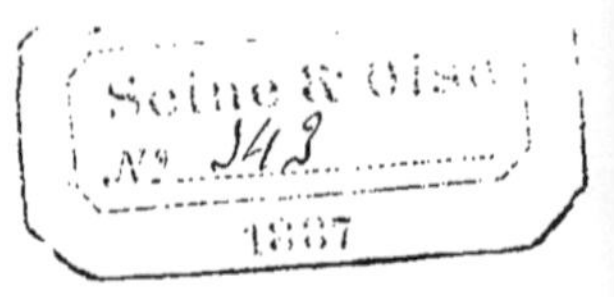

S. DE CHONSKI

RÉDACTEUR-DIRECTEUR DU SERVICE DES AFFAIRES ÉTRANGÈRES AU JOURNAL « LE CONSTITUTIONNEL »

LE GÉNÉRAL BOULANGER

RÉFORMATEUR DE L'ARMÉE FRANÇAISE

BIOGRAPHIE PAR M. RUHEMANN, RÉDACTEUR DE L'ÉCHO DE BERLIN

TRADUIT DE L'ALLEMAND AVEC AUTORISATION DE L'AUTEUR

JUGÉ PAR L'ENNEMI

DIX-SEPT MOIS DE MINISTÈRE

ET

LA LOI ORGANIQUE

DEUXIÈME ÉDITION

PARIS

DENTU & Cie, ÉDITEURS

LIBRAIRE DE LA SOCIÉTÉ DES GENS DE LETTRES

PALAIS-ROYAL, 15-17-19, GALERIE D'ORLÉANS

ET 3, PLACE VALOIS

1887

LE

GÉNÉRAL BOULANGER

RÉFORMATEUR DE L'ARMÉE FRANÇAISE

Le cri de guerre un peu trop hâtif, paraît-il, de nos organes officieux, a donné à un homme une importance à laquelle il ne serait jamais arrivé aussi rapidement dans des temps calmes, et s'il eût appartenu à un peuple qui ne serait point animé envers nous, Allemands, de sentiments hostiles.

Le général Boulanger, le ministre actuel de la guerre français, n'est pas un génie, ce n'est pas Boulanger Ier, comme il y a eu un Napoléon Ier.

Il est personnellement brave ; il paraît aussi vouloir devenir un assez bon réformateur d'armée ; ces qualités, assurément précieuses pour un militaire, précieuses notamment pour son élévation personnelle sur l'échelle des honneurs, ne constituent pas, cependant, un grand capitaine, encore moins un usurpateur et dictateur.

Le général Boulanger est, ce qu'en bon allemand, nous appelons un piocheur, sa bravoure elle-même semble tenir à ce côté de son caractère ; l'avancement régulier et étonnamment rapide qu'il a eu, laisse du moins supposer, qu'il a su pratiquement tirer parti de son tempérament propre. Si tout jeune officier (aussi bien dans l'armée allemande que dans l'armée française, qui s'est tout autant distingué que Boulanger), — et combien n'y en a-t-il pas ? — devait avoir la même récompense et le même avancement que lui, un ministre de la guerre ou, au moins, un généralissime serait, par le temps qui court, un produit journalier.

Il ne faudrait pas, pour cela, méconnaître les mérites personnels de cet homme.

Le général Boulanger a, jusqu'ici, bien mérité de sa patrie, qui voudrait le contester?

Mais il n'a rien fait de plus que son devoir, qui, dans le demi-jour du patriotisme qui est venu intentionnellement s'y ajouter, a tout l'air d'être quelque chose de plus. Dans la grande loterie de la vie, il a, — pour le moment, assurément, — amené le gros lot, et il a de quoi être satisfait. Cependant, la haute position qu'il occupe comme ministre de la guerre d'une république facilement inflammable et qui nous est hostile n'aurait pas suffi à lui donner l'importance européenne momentanée dont il jouit. La façon dont il a débuté dans son administration le fait paraître dangereux pour la paix de l'Europe. Un piocheur comme celui-là, qui n'a rien à perdre, — que sa tête, en mettant les choses au pire, — et qui, chef d'un peuple blessé mortellement dans sa vanité, n'est insolitement occupé qu'à épier le travail militaire d'un voisin puissant et victorieux, n'en est que plus dangereux pour la paix générale. Il met ce dernier dans la nécessité de se préparer pour toutes les éventualités, il le tient constamment en haleine, sans lui faire pour cela le moindre mal, et il mène son propre peuple, excité par la meute aboyante de ses chauvins (1), en faisant miroiter devant ses yeux les préparatifs qu'il pousse de fait activement, en vue d'une revanche prochaine ou future par les mêmes chemins désastreux qui aboutirent à Sedan et que suivit Napoéon III, quand il se mit en campagne pour affermir son trône.

Il serait tout simplement ridicule de croire que nos gouvernants ne savent pas mieux que nous, qui ne jugeons qu'avec notre bon sens, de quel esprit est animé M. Boulanger.

Le ministre de la guerre français n'est pas une personnalité

(1) Le mot allemand *Maulhelden* est plus expressif; il signifie littéralement *forts en gueule.*

qui inspire des craintes à l'Allemagne ; l'Allemagne ne pense guère lui faire l'honneur de sacrifier pour lui ses meilleurs citoyens.

Nous ne pouvons avoir qu'une crainte, c'est que le peuple français, en dépit de tout l'art diplomatique, ne se jette peut-être encore en aveugle dans une entreprise, qui, après des flots de sang versés des deux côtés, lui coûterait infailliblement l'existence.

Du côté de l'Allemagne, on compte et l'on doit compter avec cette éventualité, comme aussi, en attendant, avec le ministre de la guerre Boulanger, lui-même.

Un coup d'œil sur la vie mouvementée de cet homme, qui, aujourd'hui, dans tous les cas, tient en éveil, non seulement l'attention des deux peuples les plus directement intéressés en l'affaire, mais celle de tous les cercles, confirmera ce que nous venons d'énoncer en quelques mots, à savoir, que Boulanger est mu par une ambition qui, de même qu'elle l'a poussé contre les bataillons ennemis, peut aussi le lancer dans une voie sans issue et sans retour. Le danger de sa présence aux affaires n'est point en ce que, comme ministre de la guerre, il fait son devoir, mais dans la manière dont il le fait. Toutes les assurances contraires, tout ce qu'on pourra dire pour persuader que personne ne désire plus ardemment la paix que la France, — même que Boulanger, — ne changera rien à ce fait, que la mèche restera allumée près des poudres tant que le Ministre de la guerre français remplira comme il le fait, présentement, son devoir, un devoir (!) d'allure fort suspecte. Mais, pour parler franchement, à la façon railleuse et mordante du philosophe Wilhelm Busch :

Il n'est pas difficile de devenir ministre,
Mais il l'est beaucoup de le rester.

I

Georges-Ernest-Jean-Marie BOULANGER, fils d'un avoué établi à Paris, naquit à Rennes, le 29 avril 1837. Il fit ses études au lycée de Nantes, il est aujourd'hui encore président de la société des anciens élèves de ce lycée, et il entra le 15 janvier 1855 à la fameuse école militaire de Saint-Cyr, où il fit son devoir tant bien que mal. Son séjour, dans cet établissement, auquel la France doit ses plus grands héros, n'a été d'aucune signification particulière pour sa carrière ultérieure. Il y passa un an et demi, sans que l'on connaisse, de cette période, de fait notoire le concernant, que celui d'une grave maladie qu'il fit peu de temps après son entrée à l'école, et qui faillit l'emporter. Depuis qu'il est ministre de la guerre, ayant visité les lieux où il reçut sa première éducation militaire, il y trouva encore en vie la vieille infirmière qui l'avait soigné pendant sa maladie, en compagnie de sa mère, une Anglaise de naissance, accourue à son chevet. Une autre circonstance à citer, c'est qu'il passa son examen de sortie au moment de la guerre de Crimée et du siège de Sébastopol. A Saint-Cyr, il est d'usage de donner au grand examen de chaque année, le nom de l'événement militaire le plus important de cette année même. Celui de 1854 ayant eu lieu à la suite de la guerre turco-russe, l'examen qui suivit reçut deux noms, et ce fut celui que subit Boulanger avec six cent onze camarades, dont un seul aujourd'hui est général de division, à savoir lui-même ; il n'y a eu de cette promotion que six généraux de brigade, la grande majorité des élèves de Saint-Cyr qui ont essuyé le premier feu, — un feu théorique, — avec Boulanger, de ceux qui sont encore dans le service actif, n'ayant pas dépassé le grade de commandant, de colonel et de lieutenant-colonel : preuve frappante de la fortune rapide du ministre de la guerre !

Le 1er octobre 1856, Boulanger quitta l'Europe avec le grade de sous-lieutenant. Il fut affecté au 1er régiment de tirailleurs algériens, qui était alors à Blidah. La création de ces régiments de turcos, dont nous avons fait connaissance, bien malgré nous, en 1870, date de l'année 1841. Lorsque Boulanger arriva en Afrique, ces musulmans à demi-sauvages s'étaient déjà acquis, tant dans leur propre pays qu'en Crimée, un terrible renom. A part la bravoure, le jeune sous-lieutenant n'avait pas grand'chose de bon à apprendre d'eux. Mais cette bravoure, il devait apprendre à la connaître *de visu* peu après son arrivée.

Les Kabyles avaient profité de l'absence des régiments d'Afrique, qui avaient été envoyés en Crimée, pour se soulever contre la domination étrangère. Au retour des troupes victorieuses, un corps d'expédition fut formé sous le commandement en chef du maréchal Randon; le régiment des tirailleurs algériens en fit partie. Le maréchal Randon avait dû, en 1854, opérer, de la Kabylie, une retraite qui ne fut pas très honorable. Cette fois il fallait une éclatante revanche. La difficulté de l'entreprise résidait en ce que les Kabyles avaient leurs principales positions sur des pointes de rochers tenues pour à peu près inexpugnables. Il fallut gravir ces roches au milieu de combats incessants, d'autant plus meurtriers, que les assaillants étaient, autant vaut dire, à découvert, tandis que les Kabyles pouvaient tranquillement mitrailler leurs ennemis à l'abri de positions bien retranchées. La tribu la plus puissante et la plus hostile aux Français était celle des Aït-Irates ; elle avait son centre à Soug-el-Arbâa, dont la nature et l'art avaient fait une redoutable forteresse. Quoi qu'il en soit, les Turcos, grimpant comme des chats sauvages et se ruant sur les Kabyles, en vinrent à leurs fins ; la position fut enlevée en trois heures de temps. Comme on en fait expressément la remarque dans l'histoire du premier régiment de tirailleurs algériens, ce furent les compagnies auxquelles appartenait le sous-lieutenant Boulanger qui s'établirent les premières dans la place conquise. La lutte contre les Kabyles continua ensuite et dura jusqu'à ce que les impitoyables procédés du vainqueur eussent complètement soumis les révoltés. Pour les contenir, on construisit dans la montagne le fort Napoléon. Vint ensuite le soulèvement des tribus voisines, contre lesquelles on envoya quatre divisions, celles des généraux Chapuis, Renault, Ioussouf et Mac-Mahon ; à cette expédition encore, plus difficile que ne l'avait été la première, prit part le sous-lieutenant Boulanger.

Cette pénible campagne fut suivie d'une vie de camp non moins pénible dans la région de Médéah, Mouzaïa et Ben-Chikao. Le soldat français a à passer en Afrique par une forte école de privations ; le corps y est systématiquement endurci et apprend à supporter quelque chose, quand il n'y succombe pas.

Au bout de quelques mois, néanmoins, Boulanger fut arraché à l'ennui de cette vie. Le 19 avril 1859, l'Autriche signifiait à Victor-Emmanuel d'avoir, en trois jours, à mettre son armée sur le pied de paix et à licencier les volontaires italiens. Cette sommation catégorique n'était pas pour déplaire au « libérateur de l'Italie » qui savait derrière lui son éminent ami, Napoléon, lequel n'attendait que cette occasion de lui marquer sa reconnaissance pour l'appui qu'il se disposait à lui prêter lors du coup d'Etat du 2 Décembre

La guerre austro-italo-française éclata; Napoléon put se carrer devant le monde avec une auréole de monarque libéral.

Comme pour la guerre de Crimée, la légion africaine, cette fois encore, fut invitée à fournir des volontaires. Un des premiers qui s'offrirent fut le sous-lieutenant Boulanger, à qui l'odeur de la poudre et le chamaillis paraissaient être agréables. Le général de division Mac-Mahon, qui avait alors en Afrique le commandement général, savait flatter ses sauvages. Dans l'ordre du jour publié avant le départ des volontaires, il est dit entres autres : « Le meilleur accueil vous attend dans le pays où les vertus qui vous distinguent sont appréciées et honorées de tous. » Les hommes furent embarqués sur le *Christophe Colomb*, à destination de Marseille; mais comme on allait entrer dans ce port, un pilote apporta au capitaine l'ordre de débarquer à Gênes. Ce fut une dure épreuve pour le sous-lieutenant Boulanger, qui, en mer, était le plus faible des mortels, souffrance qui l'attendait et l'atteignit plus tard, dans des proportions plus terribles encore, dans la traversée d'Alger en Cochinchine.

Nous ne suivrons pas le jeune officier par les différentes étapes qu'il parcourut pendant la campagne d'Italie ; cela nous mènerait trop loin. Ce ne fut qu'après le passage du Tessin, à Robechetto, que les volontaires d'Afrique en vinrent sérieusement aux mains, — dans le sens strict du mot, — avec les Autrichiens. L'endroit ne put être emporté qu'après un combat meurtrier à la baïonnette. Le premier bataillon de chasseurs, à lui seul, perdit quatre officiers. Le sous-lieutenant Boulanger tomba mortellement frappé ; une balle avait pénétré dans sa poitrine et atteint le poumon. La vie de l'audacieux jeune homme en parut singulièrement compromise. Sa mère fut informée, et elle accourut pour disputer une seconde fois à la mort ce qu'elle avait de plus cher. Dès que ce fut possible, le blessé fut transporté en France. Il y reçut la première récompense qu'eût eue encore sa bravoure, la Croix de la Légion d'honneur, lui, un soldat de vingt-deux ans à peine !

Après la paix de Villafranca, le fracas des armées cessa pour l'instant. Cependant, pour l'impatience de Boulanger, la blessure tardait trop à se cicatriser, ce qui ne l'empêcha pas de profiter de l'occasion pour pousser une petite pointe du côté du Maroc. Mais il dut patienter encore jusqu'en janvier de l'année 1860, avant de pouvoir retourner dans sa garnison de Blidah. Le 28 mars, il fut promu au grade de lieutenant. La vie de camp, qui suivit, fut interrompue par un incident : le bataillon dont faisait partie Boulanger fut envoyé dans ce fort Napoléon des montagnes de Kabylie dont il a été question plus haut. Le nouvenu lieutenant y passa des jours tristes, dans une solitude monotone, que les jeunes officiers croyaient égayer en cherchant incessamment noise et querelle à des officiers beaucoup plus âgés du 9e de ligne, formant ensemble la garnison de l'endroit. Ici encore Boulanger fut un boute-en-train, le plus pétulant de tous. Nous ne voulons pas résoudre la question de savoir si ces taquineries de propos délibéré envers de vieux camarades, avec cette circonstance aggravante, que tout se passait à la sourdine, les plaisants se renvoyant de l'un à l'autre la responsabilité de la chose, dénotent un bien beau caractère ou peuvent s'excuser.

Dans l'automne de 1861, l'expédition de Cochinchine fut résolue. Parmi les volontaires qui demandèrent à en faire partie se trouva encore naturellement le lieutenant Boulanger. Le 21 septembre, le bataillon des volontaires fut formé à Alger et placé sous les ordres du commandant Piétri, du 2e tirailleurs ; mais ce ne fut que le 9 octobre que le maréchal Pélissier passa la dernière revue de ce bataillon, qui fut enfin embarqué le 15 sur une vieille frégate à voiles, le *Canada*. Pendant les huit jours que dura la traversée d'Alger à Alexandrie, le lieutenant Boulanger ne parut pas sur le pont. Le Nil était précisément débordé, et il fallut de nouveau attendre. Le 27 octobre, on remonta finalement le fleuve sur de petits vapeurs jusqu'au Caire, et de là on se rendit à Suez par le chemin de fer. Là, un navire-transport très défectueusement agencé, *Le Jura*, attendait les volontaires, qui durent, néanmoins, séjourner encore à Suez jusqu'au 12 novembre, parce que — la musique de l'amiral Bonard n'arriva pas plus tôt ! Le 16 décembre, au bout de quatre grandes semaines, *Le Jura* ayant jeté l'ancre à Pointe-de-Galles, le lieutenant Boulanger se montra de nouveau pour la première fois depuis le départ de Suez. Il avait été le plus durement éprouvé de tous. Il se remit bien vite, d'autant plus que les officiers anglais, stationnés dans le port, ne manquaient pas de faire toutes sortes de remarques. Pendant le séjour qu'on fit dans ce merveilleux pays, il fut presque indispensable aux camarades, étant à peu près le seul de la troupe qui parlât couramment l'anglais. Le 19 décembre, commença de nouveau la période de souffrance; ce jour-là, on se remit en route pour Saïgon. Ceux qui eurent le mal de mer restèrent encore invisibles; une tempête occasionna de graves avaries aux cordages et aux machines. De continuelles averses amenèrent d'autres désagréments, le soleil ne se montrait plus. Quand on eut réparé les dommages occasionnés par la première tempête, on se trouva jeté en plein typhon. On se crut perdu; les matelots ne voulaient plus faire jouer les pompes, les Turcs invoquaient Allah et versaient de l'huile sur la mer courroucée, — circonstance curieuse à noter en présence de récentes expériences. Après avoir passé par différentes autres phases, on aborda enfin, le 8 janvier, à Singapore. Ici un repos de six jours fut accordé aux hommes et aux officiers, complètement épuisés, du reste; puis on se remit en route, et finalement, le 26 janvier, *Le Jura* jeta l'ancre au cap Saint-Jacques, à l'embouchure du Donaï, qui met Saïgoun en communication avec la mer. Après avoir pris un peu de repos, on remonta le fleuve jusqu'à cette ville : la campagne de Cochinchine était ouverte. Un détachement sous la conduite du lieutenant Boulanger s'embarqua le 10 février sur une canonnière, que commandait le lientenant de vaisseau Vergne. Ce détachement remonta le Vaico; elle avait pour mission d'opérer dans la direction de Tayninh, d'où les partisans de la cour de Hué, avec de nombreuses bandes de voleurs pour auxiliaires, faisaient des incursions sur le territoire français.

La troupe de Boulanger ouvrit les hostilités. Ce ne fut, néanmoins, qu'avec difficulté qu'on atteignit les brigands; après huit jours de va-et-vient, on les surprit enfin et on les vainquit près du bourg de Tray-Cat. Boulanger ne laissa pas aux ennemis le temps de se réunir, il tomba sur eux et faillit prendre leur chef. Les serviteurs de celui-ci couvrirent sa fuite, et, au lieu de s'emparer de lui, ce qui aurait donné un tout autre tour à la campagne, le jeune Français reçut, dans la poursuite des Annamites, fuyant vers leurs jonques, un coup de lance à l'épaule.

La suite de la campagne appartient à l'histoire et est suffisamment connue. Le lieutenant Boulanger n'eut pas trop à souffrir de sa blessure ; il prit part à tous les combats jusqu'à la soumission apparente du territoire insurgé, en avril 1862. La fièvre et la variole sévissaient terriblement parmi les Européens, qui n'étaient pas faits à ce climat meurtrier. Un repos prolongé était absolument nécessaire au corps d'expédition. Boulanger fut cantonné à Cholen, une ville chinoise aisée des environs de Saïgon. Le 21 juillet 1862, il y reçut sa nomination de capitaine de la première compagnie, en garnison à Saïgon même. Cependant, les rebelles avaient relevé la tête ; leur audacieux chef, Quan-Dinh, organisait un nouveau mouvement de résistance contre les Français et les Espagnols unis à eux. Ils attaquèrent les postes et menaçaient la ville de Cholen, ce qui obligea Boulanger d'y envoyer une partie de ses hommes pour renfort. Avec ces escarmouches se termina l'année. Au commencement de la suivante, 1863, on dut frapper un grand coup, car la situation des Européens devenait de plus en plus intolérable. On livra la bataille de Binh-Lang, où l'on fut victorieux, et on prit la forteresse réputée inexpugnable de Winh-Toï, à l'assaut de laquelle se distingua la troupe du capitaine Boulanger, qui formait la tête de la colonne d'attaque. Son casse-cou de capitaine (1) escalada le premier retranchement.

Un des jours suivants, qu'il faisait très chaud, on traversait les fameuses jungles annamites, qui avaient déjà englouti maints braves. Il manquait à l'appel bien des hommes, qu'avaient épargnés les armes ennemies. Pendant cette marche, au milieu des jungles, Boulanger fut pris tout à coup d'une méchante fièvre. L'écume lui venait à la bouche, il ne voyait plus rien les yeux ouverts, son énergie de volonté l'abandonnait, et il aurait succombé sans proférer une parole, si son sous-lieutenant, qui s'était maintenu valide en ne prenant que du thé, ne

(1) *Ihr waghalsiger Hauptmann.* CASSE-COU est la traduction littérale de ***waghalsiger.***

l'eût soutenu. A la suite de cette attaque, la blessure qu'il avait reçue en Italie se rouvrit. Pendant bien des années encore, il dut, à cause de cela, apporter les plus grandes précautions en mettant l'uniforme.

Le 21 juillet 1864, les volontaires du 1er régiment de tirailleurs africains rentrèrent en Algérie, après trois ans d'absence. De 300 qu'ils étaient, en partant pour la Cochinchine, ils ne revinrent que 70.

II

Si l'on a bien suivi jusqu'ici la carrière militaire du Ministre de la guerre actuel, on devra reconnaître qu'il a montré fort peu ou presque pas de dispositions d'un soldat du pied de paix. Ce qui l'a conduit d'une guerre à l'autre, volontairement, ce qui l'a poussé à se découvrir et à présenter sa jeune vie comme point de mire aux balles ennemies, ce n'a pas été un simple besoin de ferrailler, mais un ardent désir, avivé par le premier succès, de se distinguer, de briller, de se montrer soldat de la tête au pieds, avec l'arrière-pensée de devenir quelque chose de plus. Quoi? Dans les jeunes années de son service d'activité, il se l'expliquait aussi peu à lui-même qu'aujourd'hui, devenu ministre, il s'explique le pourquoi de ses différentes mesures de réorganisation, tendant à tout autre chose qu'à utiliser l'armée en vue d'une simple défense de territoire. Boulanger, dès sa jeunesse, ne paraît pas avoir été de ces esprits rassis, qui vont droit leur chemin sans regarder à droite et à gauche et savent ce qu'ils veulent. Des gens de cette espèce sont assurément plus dangereux que ceux qui sont entraînés par la passion du moment. Toutefois, dans notre cas, il faut se tenir en garde contre ces derniers, dont est Boulanger, autant que contre les premiers. Dans une atmosphère saturée de matières explosives, il suffirait d'un moment d'étourderie pour tout faire éclater. « Il ne sait pas où il veut aller, mais il avance toujours. » C'est ainsi qu'un des amis du Ministre de la guerre caractérise M. Boulanger, et le trait est typique, car il s'applique merveilleusement au passé comme à l'allure actuelle du ministre.

Des biographes français du Ministre de la guerre se plaisent à insinuer que, en haut lieu, l'attention s'était déjà portée sur le jeune officier de tant d'espérance, quand il revint de Cochinchine. Cela n'est pas présumable ou il faudrait taxer les chefs d'injustice évidente à l'égard des autres officiers, aussi braves que l'a été le capitaine Boulanger, qui avaient également prit part à l'expédition contre les Annamites. On reconnaissait sans doute les mérites de Boulanger, comme le prouve sa promotion si rapide au grade de capitaine; mais celui qui prétendrait qu'on le considérait déjà comme un demi-héros, jugerait de parti-pris, trompé par l'illusion que doit produire la rapidité étonnante avec laquelle il est arrivé jusqu'au Conseil des ministres. Il y a, au contraire, tout lieu de supposer que, dans la période de repos militaire et de recueillement qui suivit l'expédition de Cochinchine, il sut attirer sur lui l'attention de son Ministère. On trouva tout à coup que sa science technique, sa tactique étaient fort distinguées; on le jugea tout particulièrement propre à servir de brillants exemples aux Cadets. Aussi arriva-t-il qu'en 1867 il retourna aux lieux mêmes d'où il était sorti pour débuter dans l'armée, à Saint-Cyr.

Les élèves de cet établissement étaient distribués en quatre divisions de deux compagnies chacune. Chaque division a pour chef un capitaine : le capitaine Boulanger commandait les septième et huitième compagnies.

Si la protection eut réellement quelque part dans la nomination de Boulanger à l'emploi de professeur à Saint-Cyr, il n'en faut pas moins reconnaître que le Ministère n'accorda pas ici sa faveur à un indigne. L'élégante prestante du jeune bel officier, son air aimable et engageant, la gloire que, si jeune encore, il s'était acquise sur les champs de bataille dans les trois parties du monde et qui, aux yeux de la génération militaire qui pousse, prend de toutes autres proportions que celle qu'elle avait aux yeux des camarades, tout en lui devait produire sur les cadets une impression durable, impression que rehaussaient encore les nombreux ordres de chevalerie qui ornaient la poitrine d'un homme de trente ans : la croix de la Légion d'honneur, celle des Saints Maurice et Lazare, la croix d'Isabelle la Catholique et la médaille commémorative de la guerre d'Italie. Il exigeait beaucoup de ses subordonnés ; il les exerçait à la gymnastique et les faisait marcher jusqu'à ce qu'ils n'en pussent plus : il mettait son ambition à ce que ses élèves fussent *number one* (les premiers). Qu'il fût, pour la théorie, aussi bon professeur qu'il l'était pour la pratique, c'est ce que nous ne savons pas ; du moins, on le dit.

L'année 1870 vint tout à coup mettre fin à son professorat, comme à tant d'autre choses. Un matin, le général de Cissey, inspecteur-général, fit former les élèves en carré dans la cour de l'École. Accompagné des officiers, il parut au milieu des jeunes gens, qui l'attendaient l'arme au pied. Dans un profond silence, il annonça la déclaration de guerre et la promotion de tous les élèves au grade de sous-lieutenant. La joie, plus encore à cause de la promotion que du reste, fut naturellement grande. Pendant les semaines qui suivirent, on hâta le plus pressé de ce qui restait du cours. Le dernier dimanche avant l'ouverture des hostilités, il y eut encore grande revue, puis appel dans la cour d'honneur. Le capitaine Boulanger avait précisément la semaine ; il fit faire front, et, brandissant l'épée, il commanda : « Officiers, en avant ! »

Au début de la campagne, Boulanger eut encore un avancement. Il fut nommé commandant et affecté en cette qualité au 28e de ligne, en garnison à Nantes. Son bataillon fut envoyé à Paris, où il passa dans le 13e corps sous les ordres du général Vinoy, qui, après une marche infructueuse sur Mézières, se replia hâtivement sur Paris, pour n'être pas également coupé et détruit. Dans les petits combats autour de la capitale, Boulanger commanda, comme lieutenant-colonel auxiliaire, le 114e de ligne, appartenant à la division Faron ; à la bataille de Champigny, le 30 novembre, il fut, avec son monde, de la première attaque.

Dans l'ouvrage du général Ducrot : *La défense de Paris*, se trouve un récit très exact de ces chaudes journées, où le courage héroïque des Français ne put réussir à s'emparer des positions allemandes. Le régiment de Boulanger se composait presque entièrement de recrues, qui voyaient le feu pour la première fois. Mais son ardeur, son intrépidité les enflammait, et son monde le suivait avec empressement et confiance. Il fut de la première attaque, le matin du 30 novembre, et il en revint sain et sauf; mais, au second choc, dans l'après-midi, il reçut une balle dans l'épaule, et, malgré sa blessure, il demeura sur le champ de bataille jusqu'à la levée du camp ; même alors on n'aurait pu le dissuader de visiter l'ambulance. Il passa la nuit avec ses hommes, une nuit horriblement froide, pendant laquelle le voisinage de l'ennemi ne permit pas d'allumer même le feu de bivouac. Le 1er décembre, les Français se mirent de nouveau en position, et, le 2, eut lieu une seconde bataille, qui se termina, comme on sait, par la complète défaite des Français. Aux combats de ce jour, prit part encore le reste du 114e régiment sous les ordres de Boulanger, qui, pour sa vaillante conduite, en ce jour-là, reçut la croix d'officier de la Légion d'honneur.

Le 21 décembre, il quitta avec ses gens le camp de Saint-Maur; il prit part avec eux aux petits combats du Bourget et de Bobigny jusqu'au 1er janvier. Comme les hommes durent camper en plein air et au milieu de la neige, ils eurent doublement et triplement à souffrir de l'intensité du froid. Pendant bien des nuits, les officiers durent faire lever leur monde et imposer aux soldats de forts exercices gymnastiques, autrement les pauvres diables eussent été impitoyablement gelés. Il ne faut généralement admettre qu'avec réserve certaines anecdoctes de la vie militaire. Ainsi l'on raconte qu'il n'en coûtait pas à Boulanger de se montrer fort près des avant-postes ennemis, dans une position exposée, et de crier à ceux qui l'accompagnaient, quand les balles sifflaient autour de sa tête : « Laissez donc, elles sont trop mal lancées pour m'atteindre! » Chose semblable a déjà été dite de beaucoup de généraux plus grands que n'est le ministre actuel de la guerre, malgré sa bravoure personnelle. Quand on considère combien il est difficile d'atteindre un homme en particulier, qui, à une distance de quelques centaines de mètres, en rase campagne, va et vient devant des avant-postes, et de l'atteindre comme point de mire, on ne saurait, avec la meilleure volonté, voir là une preuve extraordinaire de courage, mais bien un gentil petit trait de parade, qui ne manque jamais de produire son effet sur les subordonnés. Ce n'a finalement, du reste, d'autre but que celui-là. Ce qui est humainement plus beau, c'est quand un chef visite dans les hôpitaux et les ambulances ses soldats blessés et malades, quoique, ici encore, dans bien des cas, la vanité ne soit pas étrangère à l'acte. Boulanger, de même, savait adoucir par sa présence, aussi souvent que possible, les souffrances des blessés d'entre les siens. Une chose est plus difficile à croire, c'est lorsqu'on dit qu'il faisait continuellement manœuvrer son monde devant l'ennemi, de sorte que, à la fin de la campagne, il en avait fait un régiment modèle. Quand un homme est devenu quelque chose, tous les prudents, comme on le sait, veulent avoir observé dans son passé le germe des grandes vertus qui ont fait de lui ce qu'il est. Il y a une qualité, néanmoins, qualité importante pour le militaire, dont la Providence, en passant, a gratifié Boulanger, c'est une imperturbable bonne humeur, qui, en campagne, bien plus encore qu'en temps de paix, produit son effet sur les hommes sous vos ordres. C'est aussi un bon moyen de corriger la fausse position dans laquelle se trouve toujours un jeune chef vis-à-vis de subordonnés plus âgés. Le chef de régiment Boulanger avait sous ses ordres cinq capitaines plus âgés que lui, qui avaient été promus officiers pendant la guerre de Crimée. Le 114e de ligne ne prit pas part au combat décisif de Buzenval. Il resta à Bobigny jusqu'à la capitulation de Paris ; puis il rentra dans la capitale. Le 27 janvier 1871, Boulanger fut nommé colonel ; on passa, paraît-il, à dessein sur le fait, que la charge de lieutenant-colonel, qu'il exerçait, ne lui avait été conférée qu'à titre provisoire. Mais vint ensuite le messager boiteux. Quand eu lieu la révision des grades conférés pendant la guerre, le colonel Boulanger fut ramené à celui de lieutenant-colonel par décret du 9 décembre 1870 et affecté au 109e régiment de ligne. Cependant, même en la circonstance, il faut avouer que la guerre, qui a tant coûté à sa patrie, n'a pas nui à son avancement personnel; car, outre les distinctions qu'il avait déjà obtenues, il fut, au rétablissement de la paix, nommé commandeur de la Légion d'honneur.

Lorsque le 15 mars 1871, les Allemands entrèrent dans Paris, le régiment de Boulanger eut mission de former le cordon autour de la capitale. Dans les combats devant Versailles, Boulanger avait reçu sa quatrième blessure, un coup de feu au coude gauche.

Un trait caractéristique, qui montre bien à quoi peuvent viser les plans élaborés par le Ministre de la guerre, c'est le soin avec lequel il a de tout temps recherché la publicité pour ses faits et gestes. Il a toujours eu l'ambition de se produire, n'importe comme, sur le premier plan. Il voulait qu'on parlât de lui, qu'on le montrât du doigt. C'est ainsi qu'il n'a rien négligé pour faire décorer les officiers tombés en combattant; lui-même envoyait ensuite les insignes aux familles des morts, et il accompagnait l'envoi d'une lettre, dans laquelle, tout en regrettant la perte de l'officier, il parlait de sa vaillante conduite au service de la patrie. Quand vinrent les médailles militaires à distribuer à son monde, il réunit et fit mettre sous les armes tout le régiment dans la cour de la caserne, à chaque médaille qu'il attachait à la poitrine des soldats, il avait soin de dire où et comment elle avait été méritée. Rien d'étonnant à ce que le 114e de ligne le vit partir à regret et que les officiers lui fissent hommage d'un superbe album avec leurs photographies.

L'année suivante, il fut chargé d'aller organiser le 133e régiment de ligne à Belley. Le 15 novembre 1874, il fut pour la seconde fois nommé colonel et prit, en cette qualité, le com-

2

mandement du 70e de ligne; mais, le mois suivant, il revint au 133e, pour lequel, comme étant son œuvre à lui, il avait une préférence que l'on comprend aisément. Il resta dans cette position cinq ans et demi.

Ce serait donc commettre une erreur grossière que de contester au Ministre de la guerre tout talent d'organisation. Il est vrai que ses créations, celles qu'il a d'abord réalisées dans un cercle restreint et celles, plus tard, de grande étendue, n'ont pas encore été éprouvées par la pratique. Il n'a pas encore été livré de batailles sous ses ordres. Mais que les malheurs de sa patrie et les fautes auquelles ils sont en partie dûs l'aient instruit, c'est ce qui n'est pas douteux. Il doit aussi lui être venu, par suite, d'autres pensées sur l'avenir de sa carrière militaire. Soit qu'elles lui vinssent de son désir de s'instruire, soit que l'ambition le poussât, sans qu'il s'en rendît compte, il se trouva tout à coup dégoûté de la vie de caserne. Il voulait maintenant apprendre à connaître *de visu* les autres armes. Peut-être ce désir d'un autre genre d'activité se rattachait-il à sa nomination au grade de général de brigade, qui eut lieu le 4 mai 1880. Il lui fut facile d'obtenir le commandement de la 14e brigade de cavalerie à Valence, où il demeura jusqu'en avril 1882.

On sait que les officiers de cavalerie envisagent d'une tout autre façon que les officiers d'infanterie l'aptitude pratique de ces derniers au service de la cavalerie. Dans les armées de toutes les nations, il arrive plus ou moins que la cavalerie se tient haut à cheval, c'est-à-dire qu'elle se croit élevée au-dessus des frères d'armes qui marchent à pied, rivalité, qui, du reste, n'a jamais encore produit de mauvais fruits et contribue plutôt au rehaussement de l'ensemble des cadres. Boulanger savait donc fort bien que, n'ayant jusque-là servi que dans l'infanterie, il ne pouvait être vu précisément d'un bon œil dans son commandement. Le jeune général avait grande envie de vaincre ce préjugé, et cela d'un coup. La première fois qu'il parut à la tête d'un régiment de cavalerie, il demanda au colonel si l'on avait coutume d'enlever aussi des obstacles.

Celui-ci répondit que oui, en faisant observer que le terrain s'y prêtait admirablement. « Nous autres, dit un officier, témoin oculaire de la scène, nous devions croire que notre chef avait choisi lui-même la superbe bête qu'il montait pour nous montrer son habileté comme cavalier, et nous étions fermement convaincus qu'il n'aurait pas risqué de franchir un obstacle avec un cheval de régiment. Mais le général, comme s'il avait lu notre pensée, fit signe à un aide-de-camp d'approcher; il le pria de lui passer son cheval, qu'il monta, et se mit à notre tête. Les obstacles, en partie très difficiles, furent élégamment enlevés par lui sans la moindre hésitation ; nous saluâmes dans le général un vrai cavalier. »

Ce petit trait équestre n'est pas le seul que l'on cite de Boulanger ; ce n'était pas le premier non plus. Déjà au 135e de ligne il avait souvent forcé son entourage à galoper à bride abattue par monts et par vaux. Il voulait par là former à l'équitation les officiers qui le suivaient plus ou moins vite. Plus tard, pendant son séjour à Tunis, d'après le récit d'Alfred Barbon, un chaud panégyriste du ministre de la guerre, il termina une inspection générale en donnant rendez-vous aux officiers montés du 4e régiment de zouaves devant le palais de Dar Kessein, d'où il les fit galoper à bride abattue encore autour du lac El-Bahira jusqu'à la Goulette et à Radez, l'espace de quarante kilomètres, soit dit en passant. Il ne resta en arrière qu'un seul capitaine, les autres messieurs suivirent le général.

Lorsque, en 1881, les Etats-Unis d'Amérique célébrèrent le centenaire de leur indépendance, Boulanger fut nommé chef de la députation militaire envoyée à New-York. Le Marquis de Rochambeau, dans son livre intitulé *Yorktown*, décrit ainsi l'impression que Boulanger fit sur lui comme sur les Américains du Nord : « Boulanger personnifiait aux Etats-Unis l'armée française de la manière la plus heureuse : les hommes admiraient la liberté de son allure, la grande étendue de ses connaissances ; les femmes, sa tournure élégante et martiale, la grâce de ses manières. Ce qu'il y a de certain, c'est que la France ne pouvait envoyer de plus aimable représentant de l'autre côté de l'Océan. » Une fois en Amérique il poussa une pointe jusqu'en Canada, où tout ce qui est français et a le cachet est tout particulièrement bienvenu.

Boulanger retourna prendre à Valence, mais pour peu de temps, le commandement de la 14e brigade de cavalerie. Le bruit qui ne manque jamais de retentir dans la presse française, quand une députation officielle de la France est envoyée dans un pays ami ou qui est sympathique, fit ici encore son devoir, au retour de Boulanger de l'Amérique du Nord. L'attention se porta sur lui dans d'autres cercles que les cercles purement militaires. On découvrit tout-à-coup en lui des aptitudes d'homme d'Etat, du moins un génie administratif. A la suite de cette découverte le général Billot devenu ministre de la guerre, le nomma directeur de l'infanterie au ministère. Comme, en service actif, il avait été infatiguable dans l'accomplissement de ses devoirs et qu'il avait exigé de ses subordonnés la stricte observation du règlement de service, il fut infatiguable dans ce travail d'administration si varié, où il déploya l'énergie sans relâche qui lui est propre. Ce qui le distinguait surtout, c'était l'indépendance avec laquelle il savait exécuter ses projets ; mais cette indépendanca le rendait dangereux pour son chef immédiat, le ministre de la guerre, et pour les autres employés de son service. Il y a lieu de faire remarquer que, plus il s'élevait dans la hiérarchie militaire de la République, moins il devenait difficile dans l'emploi de ses moyens pour arriver à son but. Toutefois, les bureaux de sa division se transformèrent, avec lui, en un chantier de travail actif.

De ses améliorations et de ses réformes nous rappellerons ici les plus marquantes, car elles prouvent clairement qu'il était résolu, non seulement à mettre l'armée permanente sur la voie du progrès, mais à former la nouvelle génération à une discipline plus sévère, à une meilleure entente de la vocation militaire. Dès lors il s'occupa aussi de l'avenir de sa patrie, pour songer à l'améliorer. Il était convaincu que, de façon ou d'autre, il faudrait un jour en venir à la revanche. Mais la réalisation n'en était possible que si l'armée était mise en meilleur état de résister. Comme il avait toujours encore devant lui un ministre de la guerre qui pouvait couvrir ses réformes de son nom et de son autorité, il ne ménagea pas la dépense, contrairement à son principe d'aujourd'hui. D'après une statistique orginale, un fantassin français coûtait dans ce temps-là : solde, 148 fr. 65 ; subsistance, 220 fr. 40 ; chauffage et éclairage, 7 fr. 40 ; soins d'infirmerie, 22 fr. 88 ; frais de route, 3 fr. 75 ; habillement, 44 fr. 71 ; logement, 10 fr. 65 ; équipement et armement, 12 fr. 21 ; en tout, 470 fr. 74.

Les principales réformes de Boulanger, réformes jugées pratiques par lui, ont été les suivantes :

Réorganisation des écoles de sous-officiers, pour les élèves officiers de Saint-Maixent et pour les enfants de soldats ;

Augmentation de l'effectif du prytanée militaire ;

Application de la loi d'Amédée Le Faure à la remonte des capitaines ;

Organisation de l'instruction scolaire ;

Tenue des officiers d'infanterie enfin déterminée ;

Adoption pour l'infanterie du bourgeron de toile et du havresac, modèle de 1882 ;

Refonte du règlement sur les manœuvres de l'infanterie, organisation des peletons d'instruction ;

Développement considérable de l'instruction du tir ;

Généralisation des tirs de combat dans tous les corps d'infanterie ;

Simplification considérable dans l'administration des réserves et de l'armée territoriale ;

Règlement pratique pour les devoirs des hommes pendant leur séjour en pays étrangers ;

Refonte et réédition du règlement si complexe sur l'administration des réserves et de l'armée territoriale ; etc.

Que le général Boulanger ait eu une part considérable, comme expert de premier ordre, dans les délibérations touchant le réarmement et le recrutement de l'armée française, ce n'est pas douteux ; mais il paraît aussi qu'il a souscrit à maintes mesures, que dans sa conviction, il n'avait jugées ni bonnes ni utiles, pour pouvoir donner plus tard une preuve d'autant plus brillante de sa propre capacité.

Un fait particulier à noter dans le rôle de Boulanger au ministère de la guerre comme directeur de l'infanterie, c'est la fréquence des occasions où il a représenté le ministre dans des affaires militaires ayant le caractère de la publicité. Les premières grandes preuves d'éloquence que donna Boulanger furent, aux yeux des Français, brillantes. Il avait ce pathos redondant, cette diction ampoulée, qui éclate en feu d'artifice de phrases et de mots et aveugle l'auditeur, lui enchaîne complètement les sens et ne lui laisse pas le temps de réfléchir sur ce qu'il vient d'entendre. Ajoutez à cela une pose sûre d'elle-même et un physique agréable chez l'orateur, et le Français est convaincu qu'il a devant lui un Démosthène. Boulanger, dans tous les cas, a beaucoup appris de Gambetta, qui eut toujours du penchant pour lui, et qu'il parait avoir pris pour modèle en bien des choses, notamment dans la pensée de venger la défaite de 1870-71. Une preuve que Boulanger savait comment s'y prendre pour agir sur l'esprit de ses auditeurs, composés, dans les premiers temps, de jeunes militaires, c'est le grand discours qu'il prononça, au nom de son ministre, qu'il représentait, en remettant le nouveau drapeau aux élèves du Prytanée. Il dit, à cette occasion, entre autres choses :

« Afin de répondre aux marques d'intérêt données à votre Prytanée, travaillez, jeunes gens, travaillez encore, travaillez toujours ; travaillez, pour que vos familles soient fières de vous ; travaillez pour pouvoir rendre d'utiles services à la République, qui attend votre génération avec une légitime impatience, mais aussi avec la plus grande confiance. . . . .

« Apportez dans cette enceinte les douces leçons puisées dans vos familles ; rendez-vous dignes d'elles par vos sentiments délicats et élevés ; renoncez, enfants de la fin du dix-neuvième siècle, renoncez à ces habitudes quasi-barbares, qui ont pris naissance dans ces temps grossiers où la force semblait supérieure au droit, et où il fallait bien brimer l'enfant, pour dresser l'homme à la dure brimade du despotisme ! . . . . . .

« Et ne vous y trompez pas, camarades, ne croyez pas que vous n'aurez pas à le défendre, ce drapeau que je vous remets aujourd'hui, car il vous suivra dans vos pensées sur les champs de bataille de l'avenir. Chacune de vos actions d'éclat viendra se refléter sur ce noble emblème dont vous emporterez l'image en vos cœurs. . . . .

« Regardez tous le drapeau du Prytanée ; il porte d'un côte : « République française, Prytanée militaire » ; de l'autre côté, deux mots seuls sont inscrits : « Honneur, Discipline. » Telle est la loi du soldat. »

L'enthousiasme juvénile que provoqua cette harangue, dont nous n'avons donné ici qu'un extrait, fut indescriptible. Une de ses conséquences fut la nomination du général comme membre d'honneur de la Société des anciens élèves de cet établissement.

Vers la fin de cette même année mourut Gambetta, et les plans des aboyeurs de revanche reçurent de cette mort un rude coup. Il n'y avait pas de personnalité dont le crédit et les capacités fussent assez grands pour remplacer cet homme d'Etat considérable malgré ses nombreux défauts. « Qu'adviendra-t-il de nous ? » s'écriait alors la *République française* dans un comique accès de désespoir. « Cette question est le cri d'instinct de la conscience républicaine et nationale. » Boulanger savait peut-être déjà ce qu'il adviendrait de la France, quoique son audace n'allât pas encore jusqu'à vouloir prétendre que, après Gambetta, il serait le plus vaillant soutien de l'idée de revanche. La découverte de certaines lettres adressées au duc d'Aumale, qui eut lieu dans les premiers mois de son avènement au ministère, a révélé son penchant à servir toujours celui qui est au pouvoir, quand il ne pouvait pas être lui-même celui-là. La puissance de la parole de Gambetta était seule capable de réunir en un faisceau tolérable Républicains, Légitimistes et Monarchistes. Boulanger voyait dans Gambetta son modèle, beaucoup moins, toutefois, dans Gambetta républicain que dans Gambetta dictateur. Au fond du cœur, il était bel et bien légitimiste, car le duc d'Aumale avait contribué à son avancement. Rien ne pouvait donc mieux lui sourire que de voir, après la mort de Gambetta, les d'Orléans réprendre l'idée de la revanche, pour plaire au peuple et se faire élever par lui de la belle manière sur le trône de leurs pères. Napoléon étant venu tout-à-coup se jeter à la traverse avec son manifeste, la République sentit se réveiller son orgueil et la crainte de perdre la vie, et de tous les beaux plans des légitimistes de happer d'un coup la France et l'Allemagne, à supposer que la première ne fût pas terrassée par celle-ci, ce qui, en tout état de choses, eût été le cas, il ne resta rien. Le général Boulanger dut replier ses espérances dans l'intimité de sa pensée et s'efforcer de paraître fils soumis à la République. L'*Allgemeine Zeitung* (1) de Munich écrivait alors : « La guerre, que l'on voit aujourd'hui se dessiner si fréquemment sur le mur (2), ne vient pas en France de la gauche. Plus le régime de la République sera radical, plus l'étranger pourra être tranquille. La guerre est une menace de la droite, de la Restauration, de la Monarchie, du sabre souverain d'un « général heureux ». Cela n'arrivera, cependant, que si le radicalisme est vaincu, si la lutte, à l'intérieur de la France, était à feu et à sang. Alors seulement celui-là pourrait porter le « sabre de l'heureux général », qui viendrait après Boulanger. Le louvoiement habile du Directeur de l'Infanterie à travers les brisants des partis conduisit son esquif, le 18 février 1884, dans le port d'un général de division ; trois jours après Boulanger fut chargé du commandement de la division d'occupation de Tunis. Il n'avait pas mission de faire des conquêtes ni de combattre des insurgés, mais seulement le devoir d'affermir et de fortifier dans les provinces tributaires le respect de la puis-

(1) C'est l'ancienne *Gazette d'Augsbourg*.

(2) Allusion, sans doute, au *Mané, Thécel, Pharès* du festin de Balthazar.

sance française. Ici encore les capacités du général de division de quarante-sept ans eurent à se montrer sous un côté nouveau.

Sa première mesure fut de rappeler de la frontière tripolitaine les baïonnettes françaises. Par-là il groupait, d'un côté, ses hommes, et, de l'autre, il faisait voir que ses projets étaient les plus pacifiques du monde. Non content de cela, il entreprit un voyage d'inspection à travers toute la régence. Il voulut, dans ce voyage, non-seulement visiter les troupes, mais encore se rendre compte par lui-même des dispositions des différentes tribus et de leurs chefs, écouter leurs plaintes et y faire droit autant que possible; en un mot, il se comporta en représentant souverain de la République.

Il fallait un corps robuste et accoutumé au climat d'afrique pour entreprendre un pareil voyage au milieu de l'été. Le général l'exécuta. Accompagné de deux officiers d'ordonnance, il parcourait en moyenne 100 kilomètres par jour. Sur certains points il était escorté par des détachements de chasseurs d'Afrique ou de spahis tunisiens ; sur d'autres, par des indigènes qui, vêtus de leur célèbre haik, semblaient voler à travers le désert. Un fait digne de remarque, c'est que le général encourageait intrépidemment les officiers qui l'accompagnaient à aller visiter, pour lui en rendre compte, les restes archéologiques d'ancienne civilisation qui se rencontrent encore dans la campagne africaine. Le géneral envoya ensuite leurs rapports à Paris, où ils doivent toujours se trouver en lieu compétent.

Son séjour dans chaque poste était toujours de très courte durée; il visitait, se faisait rendre compte, et faisait droit, quand c'était possible. Avant toutes choses, ce qu'il voulait, c'était faire personnellement impression. Il ne parlait, il est vrai, aux indigènes que de la grandeur et de la puissance de la France, mais c'était lui-même qu'il posait. Envers les soldats français, il était aussi familier que possible. Quand il passait la nuit à un poste, il invitait à sa table non-seulement les officiers, mais les anciens sous-officiers méritants. Il leur parlait d'un ton paternel, écoutait leurs vœux, promettait de les remplir, sapait ainsi la subordination. Plus tard, il commettait la même faute, étant ministre. Ses bons amis prétendent naturellement que son bon cœur le pousse à s'intéresser à tout et à contenter tout le monde. Mais, tout cela regardé à la lumière, il ne visait avec cette prétendue affabilité, qu'à se rendre populaire et à se créer peu à peu une puissance, une « Voix du peuple. »

Pendant son séjour de deux ans à Tunis, le général Boulanger n'oublia pas de s'occuper de la réorganisation de l'armée d'occupation, et il paraît que, en cela comme en tant d'autres choses, il procédait de son propre chef. Comme, seulement sur la frontière tripolitaine, il s'échangeait çà et là quelques coups de fusil, tandis que la Tunisie elle-même était parfaitement tranquille, il crut, pour dégrever le budget, pouvoir transformer les compagnie mixtes en un quatrième régiment de tirailleurs qui, avec le 4e régiment de zouaves, le 27e et le 29e bataillons de chasseurs à pied, devait former la garnison régulière de Tunisie. Les pelotons de cavalerie formèrent le 4e régiment de spahis tunisiens, qui, avec le 4e chasseurs d'Afrique, fournit à la régence sa cavalerie complète. Toute cette armée fut placée sous les ordres d'un général; elle fut partagée en trois subdivisions, commandées par des colonels et ayant leurs centres à Tunis, à Sousse, à Gabès. Il supprima ces nombreux généraux, colonels et officiers indigènes, qui n'avaient que le titre et touchaient les appointements sans rendre de services réels, n'ayant, du reste pas de soldats à commander. Il composa donc pour le Bey une armée permanente (1) de vrais soldats, formée d'un bataillon, d'un escadron et d'une batterie. L'auteur déjà cité, Alfred Barbou, rapporte, à ce propos, un fait curieux. Le général Campenon, prédécessur du ministre de la guerre actuel, avait, au temps où il était capitaine, passé lui aussi par la Légion d'Afrique. Il fut chargé alors d'organiser pour le Bey une petite armée sur le modèle européen, ce qu'il fit. Quand les

(1) *Sic* dans le texte allemand, au lieu de *garde d'honneur.*

Français eurent quitté Tunis, elle se désagrégea peu à peu, et il n'en restait plus que le tronc, fortement endommagé même, lorsque Boulanger arriva en Tunisie. Celui-ci ayant été visiter Bizerte, y trouva des artilleurs à barbe blanche, la plupart fourbus et qui, cependant, suffisaient au service de leurs pièces, énormes canons devenus absolument inoffensifs, mais qui avaient la prétention de défendre le port. Tout cela datait du capitaine Campenon. Cet officier ayant malheureusement oublié de faire observer que, dans les pays civilisés, il existe un mode de recrutement, les jeunes artilleurs d'alors étaient demeurés sans successeurs et tranquilles auprès de leurs vieilles pièces, sans se plaindre de rien. O indolence musulmane! Mais ce qu'il y eut de plus original dans l'affaire, c'est que ces vieux artilleurs de maintenant vinrent réclamer leur solde et l'arriéré de leur solde à Boulanger. Celui-ci s'apitoya fort sur eux, mais il se vit forcé de les licencier.

Le général Boulanger avait également reçu du ministre de la guerre la mission pour lui agréable, de distribuer les décorations accordées aux officiers et soldats qui s'étaient distingués en Afrique. Il s'en acquitta publiquement, à la manière qui a été dite et qui, depuis lors, a passé en loi. Les récompenses et les décorations furent distribuées devant le régiment assemblé, avec accompagnement de harangue. Ce cérémonial aurait de grands avantages pour lui, s'il avait lieu dans des cas tout-à-fait particuliers; mais il a visiblement trop pour objet de produire de l'effet, pour pouvoir atteindre son but, qui devrait être de stimuler le zèle des autres soldats non encore décorés. Il eut peut-être été plus utile à la considération des autorités militaires françaises que, au lieu du trompe-l'œil qui vient d'être dit, on appliquât d'une manière plus humaine les peines disciplinaires. Ce fut précisément la première année de la présence de Boulanger en Tunisie que commença l'application de cet abominable supplice qui fit tant de bruit dans le temps.

L'*Intransigeant* de Henri Rochefort publiait dans un de ses numéros d'octobre de l'an 1884 la nouvelle suivante, malheureusement trop vraie : « Est-il possible, disait ce journal, que, de notre temps, en france, dans notre armée, de pareilles monstruosités puissent se passer, des monstruosités comme celles que nous allons raconter aujourd'hui? Ecoutez. il y a quinze jours, à Frendah, province d'Oran (Algérie), arrivait au camp, vers dix heures du matin, un tambour de la 3e compagnie, 6e bataillon de la Légion étrangère, légèrement ivre. La discipline exige que de pareils délits soient punis. Entendu. Aussi, un sergent s'approchant du soldat de défaut, ordonna-t-il de le conduire aux arrêts. Les arrêts? Où croyez-vous que cela soit? La brute de sergent condamna le malheureux à la crapaudine.

(Suit la description que donne l'*Intransigeant* de ce genre de punition ; après quoi l'auteur allemand reprend) :

On ne saurant en aucune manière vouloir dire que Boulanger puisse en quoi que ce soit être impliqué dans une responsabilité à l'égard de tout cela, assertion qui, du reste, serait d'autant moins possible, qu'il était, lui, en Tunisie à cette époque et non en Algérie. On n'a donc rappelé la chose que parce que jusqu'ici on ne voit pas que le grand réformateur de l'armée française ait rien fait, rien ordonné, pas plus en Afrique que depuis qu'il est ministre de la guerre, pour adoucir les peines disciplinaires. Et cependant, le général Boulanger, qui a passé tant d'années en Afrique et a vu de ses propres yeux ce qui s'y passait, ne saurait ignorer de quelle manière la discipline était pratiquée dans les régiments indigènes (1). On peut être un chef sévère et, pourtant, homme.

L'insatiable orgueil de Boulanger créa aux troupes tunisiennes, dès la seconde année de son commandement, de sérieux embarras. Dans ses idées d'homme d'État, qui trahissaient le héros de Camache, il fallait absolument que le pouvoir civil cédât à la puissance militaire. Le résident du gouvernement en Tunisie, M. Cambon, lui était donc une épine dans l'œil, parce

(1) IN DEN EINHEISCHEN Regimentern.

qu'il se permettait d'ordinaire d'être d'un autre avis que l'éminent représentant de l'autorité militaire ; il ne voulait, par exemple, pas admettre que Boulanger se mêlât des affaires administratives du Pays. Si Cambon demandait, pour une affaire quelconque, l'appui de l'autorité militaire locale, c'était le commandant supérieur qui imaginait des échappatoires. Parfois l'objet du différend était une bagatelle. Ainsi, par exemple, quelques jours avant la célébration de la fête nationale française, arriva en douane à Tunis une caisse de drapeaux envoyés par un adjudicataire de Marseille au service du génie pour la décoration des monuments publics et des édifices militaires. La douane tunisienne voulut percevoir sur cet envoi un droit de 8 p. 100 qui frappait tous les produits de la Régence ; mais le général Boulanger se facha et refusa de payer, en disant que les drapeaux français étaient entrés en Tunisie pour rien, quatre ans auparavant, et en exigeant que les envois à ses soldats ne fussent soumis à aucun droit. Il menaça finalement de faire prendre la caisse à la douane de vive force. Mais sa protestation ne lui servit à rien; les drapeaux furent assimilés à des étoffes et payèrent la taxe légale.

Une affaire plus grave eut lieu un soir au théâtre italien de Tunis. Un officier français jeta sur la scène un bouquet à une chanteuse ; celle-ci repoussa dédaigneusement du pied cet hommage, et avec une affectation blessante, plaça à son corsage une fleur qu'un Italien lui avait jetée. En présence de cette insulte, les officiers de marine français présents dans la salle firent un tel vacarme, qu'on dût baisser le rideau. de vifs propos furent échangés en différents dialectes. A la sortie, un Italien se porta même à des voies de fait, il donna à un officier français un vigoureux soufflet. L'officier eût tué l'Italien, si les zouaves du poste ne fussent accourus et ne l'eussent enlevé. Le général Boulanger, à la suite de cet événement, publia un ordre du jour autorisant les officiers et soldats à faire usage de leurs armes, s'ils étaient provoqués ou attaqués de fait. Le Résident fit observer qu'un pareil ordre pouvait amener des complications entre le gouvernement italien et le gouvernement français et se plaignit à Grévy de la conduite autoritaire de Boulanger. La réponse fut une déclaration signée de M. de Freycinet attribuant à M. Cambon le titre de résident général et le commandement des troupes de la division. Boulanger adressa immédiatement à Campenon une demande de mise en disponibilité. Celui-ci fit tout son possible pour appaiser le général irrité, et Boulanger se laissa persuader de rester à son poste. Mais, en juillet 1885, il partit tout-à-coup pour Paris, où il descendit avec sa femme et ses deux filles, — le ministre de la guerre est marié depuis 1865, — à l'hôtel du Louvre. De la il continua à remplir ses fonctions de commandant supérieur en Tunisie pendant six mois encore !

On voit par ce dernier trait jusqu'où devait aller la faiblesse d'un ministre de la guerre qui se laissait traiter de si étrange façon. Ici trouve sa place un rapport, peu remarqué en son temps, adressé par le correspondant parisien de la *Gazette de Voss* à ce journal au moment où le général Boulanger venait d'être nommé ministre ; c'est un excellent tableau de l'homme, de ses vertus et de ses côtés faibles : « Le général Boulanger, y est-il dit, est une figure qui mérite qu'on y arrête son attention, d'autant plus que le général, au dire de tout le monde, est appelé à de grandes destinées. C'est un des généraux les plus jeunes, peut-être le plus jeune de sa classe, dans toute l'armée française. En tant que militaire, il est sévère, même rude, comme le sont seulement le marquis de Galliffet ou le général de Miribel, et par son fameux ordre du jour où il blâmait vivement le jugement du Tribunal de Tunis, ainsi que par ses différends de rivalité avec le résident de Tunisie, M. Cambon, à qui il ne permettait pas la moindre immixtion dans les affaires de l'armée d'occupation, il a montré qu'il comprenait son rôle de commandant de corps comme on l'aurait plutôt attendu d'un général de la vieille Prusse que d'un haut officier d'une république foncièrement hostile au militarisme. Je crois, en effet, pouvoir affirmer qu'aucun général prussien, fût-ce même un de ceux qui tiennent pour glorieux de procéder d'une manière « tranchante » contre des représentants du peuple, ne se serait arrogé le droit de faire d'un jugement de Cour royal l'objet d'un blâme officiel, comme l'a fait le général Boulanger à l'égard du Tribunal français de Tunis. Mais cette susceptibilité, qui le fait passer par dessus toutes les considérations, quand il s'agit de la défense de ce qu'il croit être son droit, est associée, dans le caractère du général, à une indépendance qui cadre mal avec les principes d'obéissance absolue et de rigoureuse discipline qu'il pratique sévèrement par en-bas. On se souvient encore que, il y a quelque temps, il vint de Tunis à Paris sans juger nécessaire de demander un congé en forme, et que par circulaire il invita un certain nombre de généraux à une conférence, qui avait pour objet les réformes à effectuer dans l'organisation de l'armée française. Cette conférence, il la convoqua de son propre chef ; le général Campenon, le ministre de la guerre d'alors, n'en fut pas officiellement instruit et n'y fut pas invité, et le général s'y comporta comme s'il était déjà le chef reconnu de l'armée. Il est étonnant que ses camarades n'aient rien trouvé à redire à ces procédés, que le général Campenon lui-même se soit tu, ce qui a fait dire que les confidents savaient que le général Boulanger avait des motifs de croire à sa prochaine nomination de ministre de la guerre.

III

Dans les débats orageux de la Chambre des députés sur la demande d'un crédit de 75 millions de francs pour la continuation de la guerre du Tonkin, le ministère Brisson éprouva un échec, car il ne réussit à obtenir le vote de ce crédit qu'à la majorité de quatre voix. Freycinet fut chargé de la formation d'un nouveau cabinet et devint ainsi ministre pour la troisième fois.

Dans le cours de la discussion, l'évêque d'Angers, Freppel, entre autres, prononça un remarquable discours, où il émit les principes suivants, qui caractérisent l'opinion du pays au moment où Boulanger prit le portefeuille de la guerre. Une voix ayant dit à l'orateur, qui, en opposition avec ceux de son parti, opinait pour le crédit, qu'il fallait d'abord penser à l'Alsace avant de penser au Tonkin, il répliqua : « Je m'attendais à cette objection; je vais y répondre... Je le sais, on parle volontiers et avec raison des revendications de l'avenir, des blessures encore saignantes de la France. Ces sentiments, je les comprends et je les partage. Mais croyez-vous que le vrai moyen d'élever l'opinion du pays, de le fortifier pour les combats que vous prévoyez, soit de faire reculer la France devant les mandarins de l'Annam? On a prononcé le nom de l'Alsace. Je répète que l'Alsace a trop de patriotisme pour ne pas comprendre que l'humiliation de la France ne peut être le point de départ d'un avenir meilleur pour nous. (Vifs applaudissements.)... Pour ce qui concerne M. de Bismarck, rien ne peut lui être plus agréable que la dégradation que vous infligerez à l'armée française : n'en doutez pas un seul instant ».

Ce tableau de l'opinion peut être complété par une esquisse de la situation militaire de la France. La *Nouvelle Presse* publiait en novembre 1884 un article sur les abus du budget de la guerre. Il y était dit : « Le rapport de M. Ballu, distribué à la Chambre des députés, jette un remarquable jour sur le budget du Ministère de la guerre; les abus les plus scandaleux s'y montrent à chaque page, et, tout en reconnaissant que M. Ballu les dénonce en y appuyant, il est bien permis de se demander comment ils ont pu durer si longtemps, pourquoi aucune commission n'y a porté remède, pourquoi la commission actuelle n'a pas mieux réparti les deniers de l'État?

Nous n'insisterons pas sur le nombre étonnant de crédits presque inexpliqués, non plus que sur les cadres de nos 38 régiments d'artillerie, au sujet desquels le rapporteur s'exprime ainsi : « Dans aucune armée de l'Europe on ne trouve un tel luxe d'officiers supérieurs, un tel nombre d'officiers généraux ». Pour ce qui est du génie, qui ne compte que quatre régiments, nous allons, pour montrer ce qu'en coûte sans aucun profit l'état-major particulier, établir une comparaison entre l'armée française et l'armée allemande :

	France.	Allemagne.
Généraux.	25	9
Colonels	39	12
Lieutenants-colonels . .	32	21
Majors	152	66
Capitaines, ...	544	189
Lieutenants.	570	330

Il y a lieu de faire remarquer, en outre, que dans les états d'effectif allemands, se trouvent compris les cadres de deux régiments de pontonniers, qui, en France, appartiennent à l'artillerie. Ballu parle encore de vingt millions gaspillés dans les branches de service de l'administration. Il parle aussi de la garde d'honneur du Sénat, aujourd'hui supprimée, qui coûtait au Trésor public 1,900,000 francs; de l'entretien des bâtiments, qui coûte 10,205,000 francs; des frais de bureau, se montant à 490,000 francs... Une école de génie à un budget de 42,000 francs, dans lequel l'éclairage figure pour 25,000 fr.

La *Nouvelle Presse* conclut ainsi : « Il ne suffit pas de voir le mal, il faut l'extirper par la racine. »

Ce tableau de la mauvaise administration de l'armée reçoit un singulier relief de l'examen détaillé des dépenses de l'armée et de la flotte depuis 1870 jusqu'à l'arrivée de Boulanger au ministère de la guerre, où il est entré avec la promesse de diminuer le budget de la guerre.

En 1870, les dépenses de l'armée figuraient au budget général pour 369 millions de francs, 3 millions de moins que l'année précédente. On ne pensait pas qu'une guerre pût éclater et que l'année 1871 verrait se terminer la plus désastreuse campagne que la France eût jamais faite. Si on l'avait prévu, MM. Jules Favre, Jules Ferry, Jules Grévy, Jules Simon et tous les Jules réunis auraient difficilement insisté pour qu'on économisât trois millions de francs. En 1872, les dépenses de la guerre montèrent à 450 millions; on vota en outre les « frais de liquidation ». Ceci voulait dire qu'une dépense extraordinaire de plus de deux milliards de marcs était indispensable pour réparer le matériel endommagé, remplir de nouveau les magasins, construire les fortifications et réarmer les troupes. En 1873, l'effectif fut diminué de 10,000 hommes et 3,000 chevaux, et cependant les dépenses se montèrent à 459 millions de francs. La force de l'armée était cette année-là de 425,000 hommes et de 83,000 chevaux. En 1874, le mouvement ascendant continua, le budget de la guerre monta à 480 millions de francs. Sur la frontière de l'Est, un nouvel orage parut vouloir se former; des troupes furent concentrées, et il fallut ajouter à cela les dépenses résultant de ce fait, à savoir que, à l'exception des divisions de cavalerie indépendante et de quelques bataillons de chasseurs, l'armée française fut répartie en dix-neuf corps. En 1875, le ministre de la guerre dut demander un extra de 10 millions, pour continuer le travail de réorganisation de l'armée. Cette même année, les dépenses montèrent à 493 millions. En 1876, les dépenses ordinaires atteignirent le chiffre de 500 millions de francs. En 1877, comme on devait appeler les réserves, le ministre de la guerre demanda 535 millions; la Chambre ne vota que 525 millions. En 1878, le ministre de la guerre demanda 541 millions et en obtint 531. En 1879, les dépenses montèrent à 553 millions, et en 1880, comme on voulait avoir un plus grand nombre d'officiers et plus de chevaux, elles s'élévèrent jusqu'à 568 millions. En 1881, le budget de la guerre fut de 571 millions; légèrement plus fort en 1882; de 587 millions en 1883, et de 605 millions en 1884. On a de la sorte atteint le double de ce qui était dépensé par l'empire, à ne considérer que le budget simple, abstraction faite du compte de liquidation. Les dépenses extraordinaires furent arrêtées cette année-là à 110 millions, ce qui fit, par conséquent, monter le budget à la somme de 700 millions. Les dépenses extraordinaires avaient été plus considérables encore les années précédentes; pour l'artillerie seulement, en 1881, il fut dépensé 150 millions, et en 1880, pour d'autres services militaires, 169 millions. Le corps spécial de Tunisie coûta, en outre, en 1884, encore 20 millions. Pour 1885, il a été inscrit au budget ordinaire une dépense de 596 millions et une autre de 85 millions au budget extraordinaire. Il y a donc une petite diminution, mais il a déjà été créé 2 nouveaux régiments pour le Tonkin, commencement d'une armée coloniale. Il est donc probable que les dépenses militaires de 1885 seront de beaucoup plus considérables que celles de l'année précédente. Pour la flotte, il a été, en 1870, dépensé 162 millions; en 1871, 164 millions; en 1872, 132 milliens; en 1873, 148 millions; en 1874, 153 millions; en 1875, 155 millions; en 1876, 165 millions; en 1877, 185 millions; en 1878, 189 millions; en 1879, 192 millions, et, de plus, 21 millions d'extraordinaire. En 1880, les dépenses totales de la flotte furent de 213 millions, de 188 millions en 1881, de 205 millions en 1882, de 284 millions en 1883, de 271 millions en 1884, et pour l'année prochaine le ministre de la marine demande 289 millions. On doit, en outre, fonder l'artillerie de marine, qui coûtera 75 millions. L'ensemble du budget français se monte à plus de 4 milliards de francs, le budget allemand à un peu plus de 2 milliards, le budget anglais a un peu moins de 2 milliards. Pour cela, chaque Français à 109 francs par an à payer à l'État, l'Allemand 54 francs, et l'Anglais 58. La dette publique de la France est de 30 milliards de francs, celle de l'Angleterre de 19 milliards, et la dette de l'Allemagne de 4 milliards. Chaque Français doit 859 francs, chaque Anglais 579, et chaque Allemand 99 francs.

Boulanger était donc ministre de la guerre, succédant à un honnête homme, Thibaudin, et à un homme sans énergie, Campenon, le quatorzième des ministres de la guerre depuis 1870. Il n'avait évidemment pas été chiche de grandes promesses, quand on lui ouvrit la perspective attrayante du poste militaire le plus élevé de la République, alors que, se comportant comme il a été décrit dans ce qui précède, il avait su se poser comme le seul homme à la hauteur de la situation. Nous avons essayé de montrer par quelques petits exemples comme on s'y était mal pris pour organiser la défense du pays. Les plans de réorganisation de l'armée, qui, peu après 1870, commencèrent à s'agiter dans la tête des chauvins, n'avaient jusque-là pu prendre de forme arrêtée ; la fortification coûteuse de la frontière de l'Est, d'après les vues de Gambetta, avait été une entreprise chère, sans portée pratique ; les guerres coloniales dévoraient des sommes énormes, décimaient les troupes et emportaient d'habiles capitaines ; bref, tout paraissait désespéré dans la situation intérieure de nos voisins, qui, avec cela, n'en continuaient pas moins à déverser l'outrage sur tout ce qui était allemand.

Les affaires en étaient là, quand, le 7 janvier 1886, Boulanger, par l'entremise de Clémenceau, entra dans le cabinet Freycinet, du même homme qui lui avait signifié son exil en Tunisie. Le nom de Boulanger était connu, non seulement dans les hauts cercles militaires, mais même parmi les soldats, et sa personne y était très considérée et aimée. Rien d'étonnant à cela, car il s'était constamment appliqué à paraître, comme nous l'avons vu, tant sur les champs de bataille que dans les cours de caserne. Ce qui grandissait le nimbe dont il était entouré et le faisait briller avec éclat aux yeux des soldats, c'est qu'il était parvenu si haut à un âge relativement jeune et que, comme le dit Roger de Beauvoir dans son livre : « Nos généraux », il avait conquis tous ses grades l'un après l'autre au prix d'une blessure. Il était dans tous les cas, l'homme qu'il fallait pour ranimer et fortifier les espérances de tout Français qui a été militaire et qui voudrait voir se patrie reprendre sa splendeur d'autrefois. Le civil, lui, pour tant qu'il eût entendu parler de Boulanger, ne savait de lui qu'une chose, c'est que c'était un officier brave et habile ; que ce qu'il avait fait au ministère de la guerre comme Directeur de l'Infanterie fût connu du public, il y a lieu d'en douter.

Le journaux ne manquèrent pas, naturellement, de l'éclairer sur ce qu'était le général Boulanger, et sur ce qu'était son nouveau collègue de la marine, l'amiral Aube : « Nous ne savons pas, disait-on, si le nouveau ministre de la guerre est aussi expert en tactique politique qu'il l'est en tactique militaire ; mais il n'a que quarante-huit ans, il est actif, loyal et chaud patriote, et nous croyons que, au Ministère et à la Chambre, il n'aura pas plus peur qu'à Turbigo, en Cochinchine et à Champigny. Cela nous suffit pour le moment, d'autant plus que le général Boulanger a brillamment fait ses preuves et que son passé répond de l'avenir. » Les journaux allemands, faisant écho, disaient de leur côté : « Le général Boulanger est un homme dont on parlera. C'est un vrai soldat, qui s'est vaillamment battu et a reçu d'honorables blessures sur les champs de bataille d'Algérie, d'Italie et de Tunisie ; tenue militaire rigide, parole énergique. Sa mère est d'origine anglaise. Le général promet. » Une autre note était celle-ci : « L'homme est à surveiller ». L'intérêt qui s'attacha tout-à-coup à lui devint très vif; on avait le pressentiment instinctif que cet homme voulait quelque chose. Il était entré trop brusquement, trop hardiment, si l'on peut parler ainsi, dans le gouvernement de la République. Ce sentiment alla d'autant plus croissant, que les feuilles de combat, en exaltant leur prophète, en avaient de plus en plus la bouche pleine. La *France militaire* s'exprimait ainsi : « Boulanger, ce grand maître de l'infanterie, est le vrai ministre de la guerre que nous avons vainement cherché depuis quinze ans et qui, avant tous autres, est appelé à venger la défaite de 1871 et à reconquérir pour notre France chérie le rang qui lui appartient parmi les grandes nations. » Les petites feuilles d'affaires se mirent, elles aussi, à populariser l'homme. Avant que l'on connût de lui un trait de plume marquant, on vantait déjà à tous les patriotes la « plume de Boulanger » ; « car c'est avec cette plume, trempée dans notre sang, que seront écrits les rapports de ses victoirss dans la prochaine guerre de revanche. » Paroles en l'air, il est vrai, dont le ramage est connu, comme les oiseaux qui le sifflent, mais qui n'en sont pas moins un important indice, que Boulanger doit être entré dans le plan avec des vues arrêtées ou des promesses, car autrement la presse militante n'aurait pas pris si chaudement à cœur la défense de ce général. Il paraît, néanmoins, avoir cru sa mission plus facile qu'elle ne l'est, car il n'est pas plus avancé aujourd'hui qu'alors, et il doit s'apercevoir qu'il est plus aisé de faire des armes que de lutter avec la diplomatie et les sages de son pays.

Un jour que, à la Chambre, on le pressait assez vivement, il s'écria, sur le ton qui lui est propre : « Qu'on le sache bien, mon devoir, je l'accomplirai toujours ! » Qu'entendait-il par son devoir ?

Organiser l'armée de façon que les citoyens qui paient l'impôt trouvent en elle une protection assurée, ou remplir une promesse faite secrètement de donner une trempe au cher voisin ?

Nous ne le savons pas encore aujourd'hui ; nous saurons attendre patiemment qu'il veuille bien nous l'apprendre.

Le premier ordre du jour du Ministre à l'armée était un peu

soupe à l'eau ; on n'y voit pas encore la « griffe du lion » qu'il voulait être : « Le Président de la République, y est-il dit, m'a fait le grand honneur de m'appeler au Ministère de la guerre. C'est avec confiance que j'accepte cette haute mission, persuadé de trouver à tous les dégrés de la hiérarchie, quels qu'ils soient, un concours absolu, basé sur les sentiments de devoir, d'obéissance et de dévouement au pays dont l'armée ne cesse de donner au pays tant de preuves. Nous poursuivrons avec énergie, en marchant dans la voie tracée par mes éminents prédécesseurs, ce travail de rénovation militaire auquel nous nous consacrons depuis quinze ans. Vive la France ! Vive la République ! »

Un des premiers soins du nouveau Ministre fut de faire table rase, non seulement des vieux préjugés, mais aussi du vieux personnel de l'administration. Ce qui n'était pas ou ne voulut pas paraître « bien *boulangiste* (*gût boulangersch*) » dût filer. Le Ministre de la guerre avait de bons amis, qui voulaient être placés et avec lesquels on pouvait travailler aisément et uniformément, tous n'ayant qu'une pensée et une voix, celles du Ministre. Il nomma chef du grand état-major général le général de division Savin de Larclause, à qui furent adjoints deux généraux de brigade comme sous-chefs d'état-major, le général Peancellier, membre du comité des fortifications, et le général de La Roque, commandant la subdivision de Gabès. Le nouveau Directeur de l'infanterie fut le général Poillue de Saint-Mars, commandant la 50° brigade d'infanterie à Saint-Malo. Il nomma Directeur de la cavalerie le colonel, aujourd'hui général Renault-Morlière du 12° hussards. Le général de brigade Nismes fut directeur de l'artillerie ; il a depuis cédé sa place au général Blondel. La Direction du Génie fut confiée au général Richard, commandant le génie du 7° corps d'armée à Besançon, qui avait été chef du cabinet de Farre et qui aurait collaboré avec distinction à l'organisation des principaux camps retranchés de la France. Boulanger réhabilita, en le faisant son chef de cabinet un homme que l'opinion publique avait fort malmené, le colonel Jung, le mari divorcé de l' « espionne prussienne », madame de Kaulla, de Stuttgart. On ne doit pas oublier l'enquête parlementaire ordonnée, en conséquence de cette accusation, contre le Ministre de la guerre de cette époque, le général de Cissey, l'amant de madame de Kaulla.

Pour montrer à l'armée et notamment au corps des officiers, parmi lesquels se trouvaient en grand nombre des représentants de la noblesse, partisans avoués des d'Orléans, qu'il n'était pas disposé à se laisser berner ni a laisser berner la République, il ordonna les fameuses permutations de garnison des 9e et 11e brigades de cavalerie, qui soulevèrent tant de poussière. Les raisons tactiques (théoriques) et pratiques, mises par lui en avant pour justifier ses premières mesures de réforme, étaient superficielles, spécieuses, et ne pouvaient convaincre personne. Quand on en vint à parler des démonstrations antirépublicaines dont plusieurs officiers s'étaient rendus coupables, Boulanger jeta le masque et lança ces paroles : « L'armée n'a pas à juger, elle n'a qu'à obéir... Sommes-nous, oui ou non, en République ? On en pourrait douter, en voyant attaquer le ministre parce qu'il a pris une mesure ayant pour objet d'assurer le respect de la République... J'empêcherai, pour moi, de toutes mes forces, que certaines coteries se forment dans l'armée et y fassent parade, comme d'un complément obligé de la particule, comme d'un cachet de distinction, de leur hostilité envers les fonctionnaires de la Répblique. Les uns se couvrent des services rendus par leurs pères et les autres par le ridicule travestissement du nom de leurs pères. » Le vote de confiance que la Chambre émit à la suite de ce discours de Boulanger, ne fut rien de plus pour lui qu'une victoire à la Pyrrhus, car un discours dirigé en première ligne contre les nobles ne pouvait qu'être agréable aux républicains, qui lui donnèrent naturellement, à l'Assemblée législative, une majorité écrasante. Le général Schmitz, un des officiers les plus méritants de l'armée française, qui s'était particulièrement distingué dans la campagne de Chine, en 1860, sous Palikao, se vit, en conséquence de tout cela, obligé de prendre sa retraite, ne se trouvant pas en état de pouvoir approuver les mesures de permutation.

D'autres mesures vinrent, mesures sur mesures; elle avaient toutes pour objet de fortifier l'esprit de corps de l'armée, d'élever sa force de résistance. Beaucoup de ces mesures ont bien fait rire à l'intérieur comme à l'étranger. Que Boulanger créât dans chaque caserne une salle d'honneur pour les cérémonies de service, passe encore; qu'il y fit placer le buste de la République avec les portraits du président de la République, des chefs actuels et anciens du régiment, une liste des sous-officiers et soldats morts à la guerre, etc., c'était là une mesure patriotique qui ne pouvait blesser personne. Dans cette même salle d'honneur doit figurer aussi un tableau représentant un des fait d'armes héroïques du régiment. Quant à l'avantage que l'armée française doit retirer du port de la barbe, on ne le voit pas très bien. Peut-être Boulanger a-t-il voulu donner à ses guerriers un air plus martial et montrer aux Allemands que les Français ont du poil (1), — à l'instar de la vieille garde de Napoléon Ier. — Peut-être aussi, comme le disait avec malice le *Figaro*, Boulanger a-t-il voulu par là se procurer adroitement un moyen d'ombrager ses mâchoires proéminentes et de se donner à lui-même un air plus viril. Louis XIV ne portait-il pas la perruque haute pour se hausser la taille et se rendre plus imposant! Quoiqu'il en soit, un bruit assourdissant, dont l'écho encore aujourd'hui résonne par-ci par-là, s'éleva dans la presse internationale, quand parut au *Journal officiel* le décret suivant :

« Art. 280 (infanterie), 275 (cavalerie), 272 (artillerie). — Les cheveux des officiers, sous-officiers, caporaux (ou brigadiers) et des soldats (ou cavaliers ou canoniers) sont coupés court, surtout par derrière.

(1) Le texte porte : *Haare auf den Zähnen hätten*, qui signifie littéralement *avoir du poil aux dents*. On le dit de quelqu'un qui ne se laisse pas marcher sur les pieds. C'est donc un calembourg, assez pauvre, du reste, que l'auteur allemand a voulu faire.

« Les officiers et les sous-officiers portent à leur gré, les moustaches et la mouche, ou la barbe entière, celle-ci assez courte pour ne pas masquer les écussons du collet,

« Les caporaux (ou brigadiers) et les soldats (ou cavaliers, ou canonniers) portent toute la barbe.

« Le port des favoris, seul, est interdit.

« En cas de maladie, le médecin décide si la barbe des hommes de troupe doit être rasée.

« Art. 2. Le ministre de la guerre est chargé de l'exécution du présent décret.

Fait à Paris le 17 mars 1886.

JULES GRÉVY.

Par le président de la République ;

Le ministre de la guerre,

GÉNÉRAL BOULANGER.

Un écrivain français prétend sérieusement que cette mesure est une preuve de l'humanité du général. Il aurait voulu épargner aux hommes, du temps, de la peine et de l'argent, tout ce que coûte l'obligation de se raser ; justification vraiment classique d'une mesure née uniquement du désir de copier un célèbre modèle.

L'imitation est la vertu favorite du ministre de la guerre actuel. Les permissions aux soldats et sous-officiers après la retraite du soir, il les a autorisées d'après le modèle allemand, comme c'est d'après ce même modèle qu'il a ordonné de peindre aux couleurs nationales les guérites des factionnaires. Cette dernière mesure et la décision portant que les casernes seront désignées par les noms des généraux et hommes de guerre français célèbres, la presse d'opposition les lui a vivement reprochées. Tandis que les ordonnances qui viennent d'être dites, à les juger bénignement, pouvaient provenir du désir de fortifier le sentiment national des soldats, la suivante a eu pour but de raviver le goût militaire. Le ministre de la guerre accorde de nouvelles faveurs aux sous-officiers qui, après cinq ans de service, se réengagent. Ils n'auront plus à l'avenir à porter le sac aux exercices ordinaires, mais seulement, comme le sergent-major, aux revues, dans les marches et aux manœuvres ; ils ont droit au salut des autres sous-officiers et peuvent exiger leur punition s'il leur est refusé. Ils ont encore le droit d'avoir à eux un coffret particulier portant leur nom et, autant que l'espace le permet, une salle spéciale dans la caserne, en commun avec les autres sous-officiers, où ils peuvent passer le temps qu'ils ont de libre.

Un trait, qui n'est pas à dédaigner, et qui complète la caractéristique du ministre de la guerre, ce sont ses discours en public, discours qui, lorsqu'ils sont prononcés dans des réunions militaires, ne manquent jamais d'être accompagnés de l'accessoire cérémonial cher à Boulanger. On en a un exemple, entre autres, dans une visite qu'il fit à Saint-Cyr, à la fin d'une année de cours, où, dans la cour de Wagram, l'épée à la main, devant les élèves en armes, il distribua décorations et récompenses et prononça le discours suivant :

(Suit ce discours, qu'il ne semble pas utile de traduire de l'allemand. Puis l'auteur reprend :)

A cette occasion, Boulanger tira une fois encore tous les registres de sa prétendue cordialité et de l'intérêt qu'il prend à l'avancement de ses officiers. Il parla avec une subtilité vraiment cérémonieuse et il ne pouvait que lui être facile, avec la façon théâtrale de sa harangue, d'enflammer d'enthousiasme ses auditeurs. Parmi les instructeurs de Saint-Cyr se trouvait notamment un colonel Jollivet, qui avait suivi les cours du même établissement avec Boulanger, mais qui, malgré sa bravoure, n'avait pas dépassé le grade de colonel et qui venait d'être nommé officier de la Légion d'honneur. Il ne reçut cette dernière décoration que de Boulanger. Celui-ci éprouva probablement quelque émotion, un peu de honte même, maintenant qu'il était ministre, à paraître comme tel devant le vieux camarade, dont il avait été le condisciple, mais qui n'avait pas su comme lui mettre en bonne lumière la vocation qu'il s'était choisie. Il lui adressa ses paroles :

« Colonel Jollivet,

« Le Président de la République, sur ma proposition, vous a nommé officier de l'ordre national de la Légion d'honneur, pour vos trente-et-un ans de brillants services et vos vingt campagnes.

« Je suis particulièrement heureux, mon vieil ami, mon cher camarade de promotion, d'attacher sur ta vaillante poitrine cette croix, que tu as si bien méritée par tes beaux services.

« Colonel Jollivet, en vertu des pouvoirs qui me sont conférés, je vous fais officier de l'ordre national de la Légion d'honneur. »

Si un monarque condescendait à haranguer de cette manière un vieux compagnon d'armes, ce serait une marque de vraie bienveillance. Mais, dans notre cas, une condescendance semblable aurait quelque chose de singulièrement blessant, si les acteurs n'étaient pas des Français qui, sous le masque de la loyauté, se jettent complaisamment de la poudre aux yeux les uns des autres et en jettent aux yeux de l'étranger.

Il serait injuste de dire que Boulanger, tout en cherchant à se rendre populaire et à se concilier notamment l'armée, n'a pas été le bienfaiteur des siens. Un homme qui veut s'élever à une haute position a besoin de beaucoup de bras pour le soutenir, et il est naturel de combler les amis pour obtenir d'eux les services de la reconnaissance. Il a donc bien mérité de la courtisanerie militaire.

Dans les journaux républicains il s'organisa tout à coup une petite chasse à courre contre les immigrés suisses, belges, luxembourgeois et autres, qui étaient employés en sous-ordre dans les différents établissements publics de l'Etat. Quoique ces bons amis de la France ne doivent pas être « traités sur le même pied que les Allemands », il est naturel que, étant étrangers, ils soient primés par des gens du pays. En conséquence, il serait convenable que ces postes fussent occupés plutôt par d'anciens sous-officiers, qui y trouveraient le pain assuré à leur sortie du service. Il leur en a donc été réservé un certain nombre.

Une autre innovation du Ministre de la guerre est celle qui concerne les récompenses honorifiques. D'après l'ordonnance de Boulanger, désormais seront proposés, pour la Légion d'honneur, tous les officiers ou assimilés de toutes armes et de tous services ayant plus de vingt ans de service, campagnes comprises ; seront de même présentés, pour la croix d'officier, tous les officiers supérieurs qui sont chevaliers depuis plus de quatre ans, et pour la croix de commandeur tous les légionnaires qui sont officiers depuis plus de vingt ans. Jusque-là, on n'avait nommé dans l'armée chevaliers du seul ordre que possède la France, que ceux qui s'étaient distingués par quelque action d'éclat ou qui avaient reçu de graves blessures au service et remplissaient certaines conditions. D'après le nouveau règlement, les listes de tous les candidats sont fondues en une seule, dans laquelle les noms des proposés sont rangés par ordre d'ancienneté. M. Boulanger ne s'est assurément pas aperçu que, dans ces circonstances, l'ordre dont la France était jadis si fière, mais dont l'éclat, depuis plusieurs années, a considérablement baissé, devait perdre tout son ancien prix. Il est aussi possible que, devenu républicain jusqu'à la moëlle des os, il fût bien aise de voir l'égalité républicaine passer sous certains rapports dans l'armée.

En mars de l'année dernière, Boulanger soumettait à la Chambre, à la grande satisfaction de tous les mangeurs d'Allemands, un projet de loi d'une importance nationale. Ce projet, relatif à l'espionnage, comprend 13 articles et aurait pour objet de bannir la crainte terrible qu'on a, en France, des espions allemands et qui, comme on sait, a fait pousser les fleurs les plus rares et engendré les plus ridicules malentendus. Est-ce que nous, qui, dans ces derniers mois, aurions eu fréquemment en Allemagne, la visite du lieutenant Letellier, récemment arrêté à Carlsruhe, — nous n'aurions pas de motifs plus légitimes que les Français de faire une loi contre l'espionnage ?

Le Ministre de la guerre de France, à la suite de fréquents voyages incognito d'officiers français en Allemagne, a depuis peu lancé un ordre du jour dans lequel il est dit que la permission de voyager à l'étranger ne serait accordée aux militaires que par lui-même. Que par lui-même ! Faut il nous croire maintenant plus en sûreté ?

Voici les principales dispositions de cette loi : (Suivent ces dispositions, sans réflexions. Puis l'auteur reprend :)

Le coquetage de Boulanger avec la démocratie lui attira un *fiasco* à la Chambre. Ce qui se passa aux grèves de Decazeville, où les soldats sympathisèrent avec les mineurs et favorisèrent même des réunions de grévistes, lui fit faire du mauvais sang. L'hostilité à l'égard de Boulanger s'accrut encore à la suite des permutations de trois régiments d'infanterie ordonnées par lui à cette même époque. On lui reprochait d'avoir détruit par là le système territorial et rendu la mobilisation très difficile.

Il fut également question, comme il l'avait déjà été depuis plusieurs années, d'un essai de mobilisation, car on n'avait point encore jusque-là éprouvé ce qu'il pouvait y avoir de pratique dans les plans des prédécesseurs de Boulanger à cet égard. Mais on comptait sans son hôte. Quand il s'agit d'arrêter le plan de cet essai à faire, le Ministre de la guerre déclara que, en principe, il adhérait pleinement à l'idée, mais qu'il fallait remettre l'essai à l'année prochaine. On expliqua cette hésitation du Ministre en disant que, par suite de son échec politique, il sentait sa position menacée et qu'il voulait laisser passer l'orage avant de reprendre son travail de réformes. La façon dont l'étranger apprécia et jugea l'attitude de Boulanger à la tribune à l'occasion des évènements de Decazeville ressort d'un article très mordant du *Times* du 17 mars. Dans cet article il est dit : « Le Ministre de la guerre a fait son Sedan parlementaire, en dénonçant la capitulation de l'armée devant la populace. Pour la seconde fois, le général Boulanger a fait entendre du haut de la tribune des paroles de dissolution. La première fois, c'est lorsqu'il a divisé l'armée en deux camps, les nobles et non-nobles. Aujourd'hui, il veut y introduire la discussion, c'est-à-dire, un élément hostile à l'armée française, comme à toute armée en général. Le jour où le soldat pourra se dire : Je suis citoyen, je suis ouvrier, je suis marchand, je ne marcherai pas contre des ouvriers comme moi, il ne s'arrêtera pas en si bon chemin, il ira plus loin. Il dira : Je suis un homme comme les autres, et si l'on me fait marcher contre les Allemands, les Turcs ou les Chinois, toutes gens qui ne m'ont rien fait de mal, je retournerai mon fusil. Pourquoi voudrais-je laisser mes parents dans la misère ou ma femme veuve, pour tuer des gens que je n'ai jamais vus?... Si le plus grand désordre ne régnait dans les têtes du Parlement, le général Boulanger, en quittant la tribune, aurait dû être traduit devant un conseil de guerre. »

L'*Avenir militaire* publia alors sur le renvoi de l'essai de mobilisation, un article très instructif, dans lequel on ne dit pas précisément des tendresses aux ministres, et qui éclaire d'une vive lumière le désaccord qui règne en France dans tous les services, même militaires malgré Boulanger. Si le gouvernement dit : *Hu*, le peuple va à *Dia* : « Quand, une chose, dit le journal en question, est jugée nécessaire, pourquoi hésiter ou la renvoyer à plus tard ? On paraît être assez sûr cette année-ci, qui sait ce qu'amènera l'année prochaine ? Dira-t-on qu'il faut du temps pour préparer la mobilisation ? Ce serait la meilleure preuve que nous ne sommes pas prêts, parcequ'on a besoin d'une année et demie pour la préparation de ce qui doit être exécutable à chaque instant. Mais qui d'entre les ministres qui ont pris cette décision aura encore son portefeuille dans un an et demie ? Est-ce peut-être dans cette prévision que l'on a décidé le renvoi, après l'avoir admis en principe ? On ne peut se dissimuler que la mesure, excellente au point de vue militaire, a des inconvénients au point de vue politique. La circonscription mobilisée sera mécontente, beaucoup de gens seront arrachés à leurs affaires, les journaux avancés et même d'autres reproduiront leurs plaintes ou en seront les promoteurs. On demandera pourquoi on impose une pareille charge à cette circonscription plutôt qu'à cette autre, et ce que devient l'égalité. C'est l'obstacle devant lequel les ministres ont reculé. Il suffit à leur gloire qu'ils aient montré ce qu'ils feront, ils le renvoient à l'année prochaine, jusque-là ils auront disparu, et leurs successeurs, retenus par la même crainte, reculeront eux aussi devant les mesures nécessaires. »

La réorganisation de l'armée française, malgré les efforts qui ont été faits pour la pousser le mieux et le plus vite possible, laisse aujourd'hui encore beaucoup à désirer. Sur le papier tout va très bien, notre propre organisation militaire forme la base de la nouvelle loi française sur l'armée; mais il faudra du temps pour arriver à l'exécution, et il y aurait là assurément une garantie pour le maintien de la paix, si le parti raisonnable en France réussit à conserver la haute main dans les affaires. Les dispositions les plus importantes de la nouvelle loi militaire française, œuvre de Boulanger, sont, dans tous les cas, d'un haut intérêt. Elles portent; Le service militaire actif et réduit à trois ans; il est personnel et égal pour tous. Le service auxiliaire et les exemptions de service sont supprimés de droit. Le chiffre des ajournements d'appel est fixé à dix pour cent, dont sept pour cent pour études à terminer pourront être renouvelés pendant quatre ans. Les médecins qui ont obtenu leur titre de docteur serviront un an comme médecins auxiliaires. Les jeunes gens qui auront leur certificat d'instruction militaire préparatoire seront renvoyés dans leurs foyers au bout de deux ans de service. Cette instruction militaire préparatoire pour jeunes gens de dix-sept à vingt ans sera réglée par décret présidentiel et ne devra rien coûter à l'Etat. Dans chaque canton de France il y aura tous les mois, un jour de dimanche, des exercices pour les exemptés du service et pour ceux qui auront été ajournés. Les instructeurs seront fournis par les régiments. Une taxe militaire de 21 fr. 60 au minimum, soit 6 centimes par jour, sera payée par les exemptés sur service militaire. La taxe sera prélevée par les communes, qui garderont un sixième du montant. Les troupes coloniales seront recrutées par engagements volontaires : rengagement avec prime, admission avec prime des jeunes gens du contingent de la mère-patrie qui, avant le tirage, auront demandé à servir dans l'armée coloniale ; incorporation dans le contingent colonial pour un an.

Le contingent annuel est fixé à 192,000 hommes; l'armée active, déduction faite des pertes sera, de 545,000 hommes. L'effectif actuel est de 472,000 hommes; il y aura, en conséquence, augmentation de 74,000 hommes.

Pour suffire à la dépense, le Ministre de la guerre aura le droit de différer jusqu'au 30 novembre l'appel de la classe et de renvoyer la classe à libérer immédiatement après les manœuvres d'automne.

Le projet de loi accorde aux sous-officiers de grands avantages et introduit le recrutement régional (pour le corps d'armée).

Chaque corps se recrutera sur son propre territoire, mais les hommes seront affectés, dans leur corps d'armée, à des divisions de troupes se trouvant en dehors de la subdivision de recrutement à laquelle ils appartiennent. Un certain nombre d'emplois dans l'état-major général sont supprimés. Quarante régiments de chasseurs, chasseurs à pied, seront institués. L'artillerie de forteresse est fusionnée avec le génie.

Il est créé un corps d'ingénieurs militaires pour les travaux techniques.

Pour ce qui est de l'avantage, le projet n'en modifie pas considérablement le système.

L'invention prussienne du volontariat d'un an ou des soldats à 1500 francs, comme on les appelle, est et demeure en France détestée du civil comme du militaire.

Un article de la *République française* du mois de mai de l'année dernière exprime d'une manière éloquente l'opinion des Français sur la valeur des volontaires d'un an.

Il y est dit entre autres choses : En France, il a été versé, à la dernière répartition, 4,500 volontaires d'un an dans 35 régiments d'infanterie, 18 régiments de cavalerie, 25 régiments d'artillerie, un bataillon d'artillerie à pied et 5 sections d'infirmiers. Il ressort de là qu'on a suivi cette fois encore le système favori si incommode et si coûteux de répartition jusqu'ici en usage. A ce système sont liés certains emplacements, une certaine instruction particulière, etc. des jeunes gens, ce qui, sans compter la dépense qui en résulte, exige un nombreux personnel instructeur. Pour 80 volontaires d'un an, on compte trois officiers, six sergents et huit caporaux, qui sont perdus pendant toute une année pour l'instruction des autres hommes d'un grand corps de troupes. Il vaut beaucoup mieux répartir les volontaires d'un an sur tous les régiments et les faire participer aux leçons particulières de peloton qui y sont données aux plus avancés. Maintenant ils se trouvent isolés, et, avec leur éducation délicate, ils ne sont rien moins que supportés.

Ils sont continuellement l'objet de l'attention des chefs comme du civil.

Du reste, on les exploite de toute façon; ainsi, dans la cavalerie, les brosseurs touchent d'eux 15 francs par semaine ; pour une garde, ils donnent 10 francs. Tout cela est naturellement fait pour discréditer et ruiner le système du volontariat d'un an, qui, dans l'armée, est vu de plus mauvais œil encore qu'il ne l'est déjà sans cela dans le civil.

Ce qui manque à l'armée française et qu'elle n'aura jamais, c'est la discipline.

Dans notre état monarchique où l'armée est l'alpha et l'oméga de toute la constitution politique, où chaque citoyen est en même temps soldat, celui-là même qui, pour défauts corporels, est exempt du service militaire, a le goût et l'amour de l'état de soldat; la moindre particule travaille conformément à la volonté du général en chef.

On sait très bien quel danger ce serait pour le respect dû à la hiérarchie militaire, pour le salut de cette hiérarchie, si l'on n'obéissait pas aveuglément, persuadé qu'on ne demande que du bien de nous. C'est d'abord à cette obéissance, à cette fidélité de soldat qu'un peuple doit être plié; alors seulement il est réellement fort et a aussi conscience de sa force.

Les Français nous ont emprunté, à la lettre, la plupart de nos institutions militaires d'aujourd'hui, mais ils n'ont pas pris en même temps l'esprit dans lequel ces lois ont été faites et sont exécutées. Ainsi, comme il ressort de ce qui précède, la pensée du volontariat d'un an, suivant le modèle prussien, n'est, appliquée à la France, qu'une preuve de plus de la légèreté avec laquelle il y est procédé aux organisations militaires. Boulanger, sous ce rapport encore n'est pas un esprit plus éclairé que ne l'étaient ses prédécesseurs. Si les volontaires d'un an ne jouissent pas en France d'une faveur particulière, cela tient bien aussi un peu à eux. Il est certain qu'ils avancent beaucoup plus facilement que nos volontaires d'un an à nous, le manque d'officiers de réserve en France est très grand. Mais de quel mauvais bois doit donc être faite cette classe privilégiée de soldats, pour que, en 1885, par exemple, sur 3844 volontaires d'un an on n'en ait trouvé que 341 capables d'être officiers de réserve et 531 sous-officiers.

Au milieu des travaux d'organisation du général Boulanger vint se glisser tout à coup l'affaire de l'expulsion des princes. Il ne tint qu'à un cheveu que ce ne fût le coup de grâce du ministre de la guerre. Mais la faveur de la fortune ne se contenta pas de lui faire doubler heureusement le cap, si menaçant pour sa situation, elle posa ici la base d'une popularité qui n'a fait que croître jusqu'à ce jour.

Les évènements qui se sont passés à la Chambre et qui sont encore dans la mémoire de tout le monde n'ont pas besoin d'être détaillés; quelques mots suffiront.

Cette question de l'expulsion des princes fut provoquée par les paroles que prononça le comte de Paris à l'occasion du mariage de sa fille aînée avec le duc de Bragance et par l'éclat vraiment royal qu'on affecta de donner à la cérémonie.

Le gouvernement de la République dut agir sans perdre de temps, s'il ne voulait perdre toute considération tant à l'intérieur qu'à l'étranger.

Le projet de loi d'expulsion, qui fut adopté à une majorité écrasante, contenait, entre autres, cet article : « Les membres des familles ayant régné en France ne pourront entrer dans les armées de terre et de mer, ni exercer aucune fonction publique, ni aucun mandat électif. » Ce fut cet article qui mêla le ministre de la guerre dans l'affaire et pour la première fois jeta un singulier jour sur l'inquiétante faiblesse apparente de sa mémoire.

On donna, en effet, de l'extension à la mesure, en s'appuyant tout à coup, sans motif, sur une ancienne loi, et l'on retira aux ducs d'Aumale, de Chartres et d'Alençon un grade militaire qui leur revenait de droit, notamment au premier comme fils de roi. On lésait ainsi les princes dans leur honneur d'officiers, quoique jusque-là ils n'eussent rien fait contre les règlements de l'armée. Ce fut le général Boulanger, en sa qualité de ministre de la guerre, qui eut à mettre à exécution ce dernier article de la loi, c'est-à-dire à rayer des rôles de l'armée les personnes en question. La conduite préméditée que le général tint en cette circonstance cadrait peu avec les révélations qu'elle provoqua ensuite.

Le duc d'Aumale écrivit au president une lettre, dans laquelle il disait :

Suit la lettre du duc d'Aumale, qu'il ne semble pas utile de traduire de l'allemand! Puis l'auteur poursuit ainsi :

La République prit cette lettre pour ce qu'elle était, pour un outrage à son chef, et le duc d'Aumale dut quitter le pays au plus vite. Le peuple fit au général Boulanger de grandes ovations ; il voulut prouver au prince qu'il était parfaitement d'accord avec cet homme, que l'on supposait être le promoteur de cette mesure républicaine.

La moutarde monta au nez de Boulanger : « J'ai, dit-il au Sénat, voté l'expulsion, par ce qu'un citoyen quel qu'il soit ne peut pas adresser à M. le Président de la République une lettre aussi insolente ».

Alors commença entre Boulanger et le baron de Lareinty cette lutte de paroles tout à fait extra-parlementaire, que suivit immédiatement un duel au pistolet.

En France, il s'est déjà joué mainte farce, qui a laissé dans le doute la question de savoir si l'on avait affaire à des hommes ou à des enfants sortant à peine de l'école, mais il n'y en a jamais eu de plus ébouriffante que le duel du ministre de la guerre avec le député (*sic*) Lareinty. Boulanger releva le défi, non par ce qu'il était officier, — les idées d'honneur militaire de ce côté-ci et de l'autre côté du Rhin ne cadrent pas ensemble, — mais par ce que la défense hardie de l'honneur national au mépris de sa personne devait le poser en martyr. Si le duel en lui-même fut un méchant trait de coulisse, la suite le fut bien davantage.

Boulanger se montra une fois encore à la hauteur de sa manière propre d'exploiter à son profit une situation critique. Il accorda magnanimement la vie à son adversaire, — il le manqua, — et il ne se fit pas seulement un ami de plus, mais des milliers de partisans. Il avait habilement spéculé sur l'enthousiasme facilement inflammable de ses compatriotes ; il avait visé le baron de Lareinty, et il atteignit au cœur la faible multitude, qui s'éprend, en France, de toutes les choses mirifiques.

Mais il avait compté sans son passé. Avec ce manque absolu d'égards, qui lui est propre, il avait oublié qu'il eût dû être le premier à ne pas aggraver le rigoureux sort qui atteignait les princes, surtout le duc d'Aumale. Ses ennemis publièrent quelques lettres, dont le contenu, sous plus d'un rapport, est caractéristique des hautes visées du général d'alors et de la souplesse avec laquelle il a toujours plié devant les chefs pouvant servir à son avancement. Deux de ces lettres au duc d'Aumale étaient ainsi conçues :

(Suivent ces deux lettres, qu'il ne paraît pas nécessaire de traduire de l'allemand. L'auteur reprend ensuite :)

Le ton presque identique des deux lettres est aussi caractéristique que le degré ascendant de flagornerie envers le duc d'Aumale qu'on remarque dans la seconde. Boulanger, à aucun moment de sa vie, n'a tenu à se brouiller avec ceux qui pouvaient lui être utiles; il a toujours su mettre sa voile au vent, et ce n'est que lorsqu'il a eu ce qu'il voulait, qu'il a donné le coup de pied à ceux qui lui barraient le chemin.

A l'apparition de la première des lettres, le général déclara d'abord qu'elle était fausse; la phrase : « Béni soit le jour », n'était pas de lui. (Très vrai, du reste. L'auteur) (1).

Plus tard, cependant, il dut avouer tant bien que mal que c'était bien ses lettres que le préfet Limbourg avait publiées à l'instigation du duc d'Aumale. La suite se traîna en invectives couvertes de mots ronflants hors de la question. Il écrivit, entre autres à M. Limbourg :

« ..... Je ne daigne pas davantage vous donner sur le contenu de ces lettres, des explications. Vous ne pourriez les comprendre. Vous avez été préfet de la République pour la trahir, Je suis ministre de la République pour la servir. Je la sers contre vous et les vôtres. J'ai mérité votre haine ; je ne désire rien tant que de continuer à m'en rendre digne.... Quand la conspiration princière m'a mis en demeure de choisir entre mon ancien chef et la République, je suis demeuré fidèle à la République. La loi votée, je l'ai fait exécuter. Et s'il prend fantaisie aux factieux, vos amis, de passer des paroles aux actes, l'auteur des lettres au duc d'Aumale fera simplement, mais très énergiquement son devoir contre les amis de M. le duc d'Aumale.

« GÉNÉRAL BOULANGER »

(1) Les mots entre parenthèse sont du texte.

Le pathos de ces paroles sauva le ministre de la guerre une fois encore du mépris public. Mais une tache est restée sur le bouclier de son honneur jusque là tenu immaculé à la sueur de son front.

Il fallait aviser.

Alors parut, revue et corrigée, la petite brochure louangeuse sur Boulanger, dont la couverture représente dans un bariolé de couleurs l'entrée des troupes françaises, retour du Tonkin. Le général Boulanger est à cheval ; derrière lui flotte le drapeau de la France, — mais le président de la République a tout simplement été oublié. Boulanger *sicut Deus!* Cette flagornerie qui, dans le petit volume de huit pages, ne contient pas moins de cinq représentations de Boulanger, déborde naturellement d'hymnes :

« Au physique, y est-il dit, entre autres choses, il est aussi beau garçon que bel homme ; de taille moyenne, bien bâti, il respire la jeunesse et la force. L'œil est vif et clair ; le nez, etc. »

Les Parisiens eux-mêmes trouvèrent que cette petite brochure allait trop loin; car tout indiquait que personne autre que le ministre de la guerre n'était le père spirituel d'un pareil encensement. On fit sur lui des chansons satiriques, les journaux le houspillèrent, il parut un homme mort.

Au bout d'assez longtemps, il fut dit tout à coup qu'un article sur Boulanger, qui avait paru en 1881, dans le *Paris-Journal,* quand le général fit le voyage de New-York pour représenter la République française à la fête du centenaire de l'indépendance américaine, avait donné sujet au petit écrit en question.

Avec cette explication, cependant, le ministre de la guerre ne réussit que fort peu à dissiper le soupçon qui courait, et à persuader qu'il n'eût pas la main dans un panégyrique paraissant si fort à propos. L'opinion du grand nombre fut que le ministre lui-même avait collaboré à la popularisation de sa personne par la publication et le portrait, et les Français, en cette occasion, peuvent se vanter de leur perspicacité.

Puisque nous voilà à décrire la personne de Boulanger, citons comme contraste plaisant l'article si piquant du *Figaro* sur le ministre de la guerre et sa famille, qui a paru en janvier : — (Suivent deux articles du *Figaro*, que chacun connaît et qu'il ne semble, par conséquent, pas nécessaire de traduire de l'allemand. L'auteur reprend ensuite :)

Boulanger essaya, pour tenir constamment l'attention en éveil, de cueillir par voie pacifique les lauriers que lui avaient refusés les batailles où il n'a pas été, et que ne lui réserve probablement pas l'avenir. On le trouve à Nantes, à Limoges, partout où il y a parler, et il réussit par le fait à secouer (loin) de lui son incapacité notoire de satisfaction (1). Avec une candeur innocente, où il y a pas mal d'impudence, il s'est tapi derrière son portefeuile.

Il paraît être d'avis qu'un honneur défectueux peut se concilier avec la dignité d'un homme d'État.

Il s'est posé en agneau que l'on persécute, lui, le fils le plus fidèle de la République, son refuge, son espoir, lui qui ne veut que son bien, le bonheur de la France. Il se console en pensant que, sur la terre, les honnêtes gens sont d'ordinaire méconnus, et il a trouvé là une raison suffisante de rester à son poste. Il souffrira volontiers, jusqu'à ce qu'il ait atteint son but, qui est de rendre de nouveau grande et heureuse cette chère République.

Il y avait bien là un mauvais homme, qui prétendait aussi avoir une opinion, le général Saussier, le gouverneur de Paris. On lui donna aussitôt une bourrade que l'on répara ensuite, il est vrai, quand il eut fait son devoir. « Tu n'auras pas d'autres dieux que moi ! »

On a de la peine à comprendre que Boulanger ait pu tromper, en quelque sorte même, l'étranger avec son masque de loyauté. Dès le début, il a conquis de grandes sympathies en Angleterre. Le général Wolseley s'exprimait un jour sur le ministre de la guerre français en termes plus même que sympathiques :

(1) La phrase allemande n'est pas plus claire que cela.

« Evidemment, disait-il à ses officiers, l'armée française a enfin trouvé un ministre qui s'occupe résolument et passionnément d'elle, et qui nous donne plus d'un brillant exemple à suivre. Il tient l'opinion publique en France constamment en haleine et l'on peut dire qu'il met aux abois l'opinion publique en Allemagne. Ce n'est pas l'homme du dernier bouton de Camache, comme un de ses prédécessurs du régime impérial, mais il est certain qu'il tient le haut bout, et l'on peut maintenant prévoir que son pays lui devra la réorganisation définitive de l'armée. Lisez, messieurs, attentivement les journaux militaires français et tâchez d'en tirer des conclusions pratiques, auxquelles je ferai certainement le meilleur accueil si vous voulez bien me les transmettre. »

De quelle façon notre opinion publique en Allemagne a été « mise aux abois » par Boulanger ; on le verra. Quant à avoir l'œil sur l'« agitation maladive » de cet homme, c'était devoir et prudence.

Et son agitation a été réelle et active.

Le 14 Juillet, il organisait une revue telle que toute la France fut comme en joie. Il n'était pas douteux qu'une si magnifique armée ne fît aussi son devoir sur un autre champ de bataille que celui de Longchamps. On se délectait en pensée de l'effet qu'une pareille revue produirait à Berlin. Le Président de la République éprouva le besoin de montrer sa perspicacité militaire dans une lettre adressée au Ministre de la guerre, et comme il n'était pas disposé à lui céder sa propre place, pour le soin de sa vieillesse, il le nomma grand Officier de la Légion d'honneur.

Boulanger montra aussi qu'il n'était pas inhumain ; qu'il savait faire participer les autres au bonheur qui s'amassait autour de lui.

Il créa le grand club militaire de Paris ou, comme on l'appelle officiellement, le Cercle national des armées de terre et de mer, dont l'établissement coûta environ deux millions de francs.

On avait par là trouvé un centre, où messieurs les officiers pouvaient se donner rendez-vous ; on n'aurait plus rien à envier à Berlin, qui a son imposant casino de la place de Paris, non plus qu'à Londres, qui possède de nombreux cercles militaires.

Boulanger paraissait croire que le célèbre esprit militaire des officiers allemands tire tout simplement sa sève des casinos.

Puisse-t-il n'être que détrompé de cette croyance !

Pour étaler aux yeux de l'étranger les merveilles de sa création et faire trompeter sa gloire par tous pays, le Ministre de la guerre réunit en un punch d'adieu, au Cercle militaire, les officiers étrangers venus pour assister aux manœuvres d'automne. Était-il sincère, quand il leur disait : « En prononçant le mot toujours pénible d'adieu, messieurs les officiers étrangers, je bois à votre santé, je bois à votre prochain retour parmi nous, où vous pourrez cette fois, j'espère, faire un plus long séjour. »

IV

Les travaux de Boulanger comme ministre de la guerre sont de l'histoire contemporaine et ont été suffisamment étudiés par d'autres hommes politiques et militaires ; il n'y a pas à y insister ici.

Esquissons en quelques mots l'œuvre de Boulanger.

Sa prétendue réorganisation de l'armée commença, dès l'automne de l'année dernière, à prendre de si singulières proportions, que le gouvernement allemand se vit obligé de surveiller de plus près l'activité du Ministre de la guerre français. Peu importe de savoir de quel côté il reçut avis de modérer l'ardeur de ses réformes militaires et de ne pas provoquer la défiance malheureusement trop justifiée des voisins.

Il suffit de dire qu'il s'en tira avec un de ces mensonges officieux tout à fait dignes de lui. A la réunion annuelle des Sociétés de gymnastique du département de la Seine, à l'Hippodrome de Paris, il prononça un grand discours, dans lequel il prévint le reproche qui lui a plus tard été fait souvent et avec raison du côté allemand. Il y disait :

(Suit ce discours. Puis l'auteur reprend :)

Le nouveau vernis que Boulanger se donna alors n'a pas tenu longtemps. Le Ministre de la guerre français hâblait, comme il avait déjà hâblé si souvent auparavant, seulement cette fois sous le masque d'une honnête indignation. Il a depuis tenu pour le principe assez souvent vérifié, que parler de paix c'était préparer la guerre.

Il paraîtrait depuis peu, — du moins cela serait à désirer, — que Boulanger, soit prudence, soit désir de se maintenir, —

revient à de meilleurs sentiments (ou s'amende en mieux). Il a été amené parce qu'il a vu en face de lui un peuple en armes debout et parce qu'il tremble pour sa divinité. Il a retiré beaucoup de mesures, qui pouvaient augmenter le mauvais sang Il a de nouveau et peut-être cette fois, pour la première, avec sincérité, déclaré qu'il ne serait pas l'assaillant. Tout récemment le gouvernement français a eu la louable pensée d'ordonner que toutes violations accidentelles de la frontière par des patrouilles fussent seulement constatées, afin d'en pouvoir demander l'explication par voie diplomatique. Il serait à désirer que les dispositions meilleures des gouvernants français ne fussent pas venues trop tard, et qu'ils n'eussent point à se repentir d'avoir trop tard encore mis le caveçon à leur remuant collègue.

Tous les États, grands et petits, sont armés jusques aux dents. Voudront-ils en rester là?

L'article que publiait récemment le *Globe*, de Londres, lettre d'un *reporter* racontant l'entretien qu'il avait eu avec un officier français qui, « pendant plusieurs années, a été chargé de missions spéciales touchant l'armement et l'équipement de l'armée française et qui, durant ces derniers mois, a eu à porter des dépêches et des instructions verbales du général Boulanger à des commandants de corps et de place, contient, à côté de beaucoup de hâblerie et de vantardise gauloise, un petit grain de vérité, à savoir que le Ministre de la guerre français s'est déjà sérieusement préparé pour la guerre de revanche.

Voici la conclusion de cette remarquable indiscrétion d'un officier français, conclusion que nous reproduisons comme un éloquent indice d'un parfait mouvement d'oubli : « Vous êtes étonné de voir que nous soyons si bien organisés. Nous avons beaucoup appris de notre vainqueur. Et le général Boulanger, quels que soient ses talents, est un homme qui sait utiliser les talents des autres. Son chef de cabinet, le général Jung, est l'homme qui, en réalité, dresse tous les plans. Le général donne comme ministre les « ordres » nécessaires, le général Jung envoie les « instructions ». Il est Alsacien et parle l'allemand comme un Allemand. Il a passé plusieurs années en Allemagne, où il a fait toutes les études possibles, et il a tout prêt un plan de campagne, dont la hardiesse déconcertera entièrement les Allemands. Tomberons-nous sur l'Alsace-Lorraine et porterons-nous la désolation à nos frères? Oui, il le faut; nous ne pouvons faire autrement. Une fois sur le sol sacré de nos provinces perdues, le cœur de la France battra avec l'armée. »

Encore quelques mots pour terminer.

L'auteur a essayer d'esquisser, au point de vue national allemand tout simplement, une biographie aussi fidèle que possible du général Boulanger, Ministre actuel de la guerre des Français. Il était nécessaire que cela fût fait. On ne veut pas dire par là que Boulanger ait mérité l'honneur d'une étude littéraire. Mais nous nous devions à nous-mêmes d'apprendre à connaître par son passé, par ses actes, l'homme qui est occupé depuis un an à faire parler de lui, qui peut soulever une tempête, dont l'éclat peut très bien l'atteindre lui-même, lui, qui, finalement, n'aurait à perdre que son poste, tout au plus la vie, ce à quoi il doit, comme soldat, être préparé.

Sans attacher aucune conséquence politique au travail qui précède, on peut et l'on doit nécessairement se former, d'après cela, un jugement sur le Ministre de la guerre Boulanger. « Nous avons maintenant quelqu'un! » dit un écrivain français, qui ne tarit pas de louanges sur le futur sauveur de la patrie. « Nous avons aussi, nous, maintenant, après avoir lu ce qui précède, la ferme conviction », — diront, j'espère, nos lecteurs, — que le général Boulanger n'est rien de plus qu'un soldat actif et un furieux germanophobe (mot à mot mangeur d'Allemands). Qu'il soit le premier; nous ne pouvons ni ne voulons rien y changer. A quoi bon?

Les Allemands ne peuvent cependant être les seuls à avoir de grands généraux !

Nous n'envions pas aux Français leur Boulanger.

Qu'il soit le second, cela paraît plus grave.

Par là, dans la position influente où il se trouve, il devient un danger, non pour nous, mais pour la paix du monde. Il ne deviendrait pas, ou, espérons-le, ne serait pas devenu dangereux pour la paix générale, particulièrement pour la paix entre Français et Allemands, si c'était un meilleur et plus noble caractère.

D'un piocheur comme celui-là, qui ne tient pas en place, on doit s'attendre à tout.

Ce n'est point par une coïncidence fortuite que le braillard Déroulède s'est tu, lorsque les plans de Boulanger ont apparu plus clairement.

La France s'est aperçue que, avec les invectives de ses chauvins, elle n'avançait pas beaucoup, du moins cela ne menait-il pas à l'exécution pratique de la revanche.

Le général a compris la chose plus pratiquement, et il n'a reculé que lorsque d'ici on lui a montré les dents. Il est positif que d'ici on a eu dès le principe les yeux sur l'homme, car on savait très bien ce qu'on pouvait et ce qu'on peut encore attendre de lui.

Quelques exemples ont montré combien Boulanger aime la politique d'intrigues « par derrière le dos. » Tout récemment, on a vu qu'il ne s'inquiète ni de la mort ni du diable (ne craint ni Dieu ni diable), se moque de l'opinion du peuple et de ses collègues du ministère, quand une chose lui passe par la tête.

Qu'il ait, derrière le dos des ministres, écrit une lettre à l'Empereur de Russie, c'est d'une audace sans exemple, d'une noble audace.

Un autre exemple frappant du mépris qu'il a de ses collègues, c'est la nouvelle donnée, que, après ce qui était arrivé, il avait reçu les délégations des départements venues à Paris pour protester contre l'élévation des droits sur le blé. Boulanger leur déclara que cette question lui tenait doublement au cœur, parce que la nourriture des troupes intéressait le budget de la guerre, et notamment parce que le bien-être des prolétaires lui était cher. Boulanger consola ces messieurs; jusqu'à plus tard quand il pourra parler franchement et ne sera plus soupçonné de vouloir se mettre en avant.

Et qu'a fait le gouvernement de la République?

Il n'a point destitué Boulanger de sa charge, malgré les assurances de paix qu'il ne cesse de donner.

Que ressort-il de là?

Que Boulanger est et demeure son homme; qu'il est indispensable à la France.

Mais ce que veut la France, qu'elle le dise ouvertement.

Aussi pourquoi le caractère de Boulanger aurait-il changé tout à coup?

Il n'en est pas encore arrivé, avec sa réorganisation, au niveau (à la hauteur) de la mobilisation allemande.

Voilà tout le secret et le secret véritable de cet amour soudain de la paix. Boulanger sait que, de toutes façons; il doit perdre la partie, mais il veut la perdre noblement.

Et cependant la perspective d'une guerre, qui, dit-on, est inévitable, dès que l'armée française sera entièrement fournie du fusil revolver et que les bombes de mélinite seront prêtes, serait peu accentuée.

Nous n'avons pas le goût des conquêtes; l'Allemagne ne marche en avant que comme puissance gardienne de la paix du monde. Notre gouvernement sait très bien que le bonheur du peuple est le résultat du travail de la paix. Nous ne prendrions les armes que si nous y étions forcés, pour défendre l'honneur national.

Mais un Boulanger peut-il toucher à notre honneur ou nous le ravir? Difficilement.

Cet homme n'aura guère la témérité d'essayer un talent militaire dont il n'a donné aucune preuve contre une puissance qui lui est de beaucoup supérieure, à lui et aux siens.

Il paradera, rien de plus ; l'envie le dévore et ne lui a laissé de repos que lorsqu'il a pu s'étaler en plein soleil dans une gloire facilement acquise. Il faudra bien qu'il s'en contente.

Grâce aux intrigues de partis, de fausses idées se sont glissées parmi le peuple allemand sur le héros de réclame français. *Parce que, comme il est juste de le reconnaître, c'est un très habile officier et peut-être aussi un excellent organisateur*, il s'est formé autour de l'homme une légende, qui dépassse de beaucoup sa valeur véritable.

Nous pouvons tranquillement laisser aux Français leur Boulanger. Mais si lui et ses compatriotes ne savaient pas se tenir et qu'ils éprouvassent le besoin de passer sur nous leur mauvaise humeur, n'oublions pas que, s'il faut que nous traversions le Rhin, nous aurons devant nous un général qui parle beaucoup et promet trop aux siens, qui est trop ami de toutes les vaines apparences, pour pouvoir posséder une valeur « muette », cette valeur réelle qui mène à la victoire.

FIN DE LA TRADUCTION DE LA BROCHURE ALLEMANDE

DIX-SEPT MOIS DE MINISTÈRE

ET

LA LOI ORGANIQUE

Le général Boulanger a été appelé au ministère de la guerre le 7 janvier 1886, lors de la formation du cabinet présidé par M. de Freycinet, et, au mois de décembre de la même année il conserva ses importantes fonctions dans le ministère Goblet.

Un de ses premiers actes avait été de s'entourer de collaborateurs dont il lui avait été donné d'apprécier les qualités sérieuses, l'activité, le dévouement au cours de sa carrière, et si quelques-uns de ses choix furent critiqués, l'ensemble en fut néanmoins approuvé.

Dès les premiers jours, on s'aperçut au ministère, à l'état-major général, au cabinet, dans les bureaux, que les postes habituellement enviés, allaient être des postes de travail et de travail incessant — se coucher tard, se lever tôt — être sur pieds dimanches et fêtes — mais, dans l'armée on sait prendre gaiement les choses, aussi chacun se mit-il à la besogne, enthousiasmé par ce jeune chef suprême de l'armée, tout vibrant d'un ardent patriotisme, plein de bonne humeur, accueillant pour tous, juste, à la parole entraînante et facile, à l'œil caressant, qui se montrait infatigable et savait prêcher d'exemple.

Le général Boulanger semblait désigné par ses services rendus, par l'opinion publique, pour conserver encore longtemps le poste qu'il avait dignement occupé pendant dix-sept mois; mais le ministre de la guerre devait être entraîné — momentanément sans doute, — par les *intrigues* parlementaires.

Au lendemain du jour où le général Boulanger a quitté le

ministère — 30 mai 1887 — il nous a semblé curieux de rechercher l'opinion du public allemand sur ce soldat qui a tant fait parler de lui en deça et au delà du Rhin. Nous savions déjà par les journaux, par le chancelier de l'Empire d'Allemagne lui-même, que le ministre, diversement jugé chez nous, acclamé par les uns, — par la majorité pourrions-nous ajouter, — calomnié par les autres, passait pour une personnification des revendications françaises.

Nous savions que l'épouvantail — à tort ou à raison — de M. de Bismarck était presque aussi connu à Berlin qu'il était populaire à Paris.

Nous savions que rien n'avait été épargné par le gouvernement allemand pour transformer le général en une sorte de *croquemitaine* dévorant les enfants, les vieillards, les femmes et les soldats.

Les caricatures, les photographies, les images abondaient sur les rives de la Sprée comme sur les bords de la Seine, reproduisant à des millions d'exemplaires le portrait du général Boulanger. Imitant notre musée Grévin, un musée berlinois offrait, — *en great attraction*, — à ses visiteurs la reproduction en cire du ministre français... et le musée allemand était le rendez-vous, grâce au général, de la haute aristocratie locale. M. de Bismarck, après M. de Moltke, avant la foule, avait honoré l'établissement de sa visite, et l'exemple avait été suivi par les plus marquantes personnalités civiles et militaires.

En même temps, une quantité de charges étaient répandues en Allemagne. L'on y voyait presque toujours figurer, orné d'un immense panache, d'une barbe touffue et d'un sabre énorme, le général Boulanger en compagnie de M. de Bismarck ou de M. de Moltke. Si toutes ces caricatures ne prouvent pas l'atticisme de l'esprit prussien, elles témoignent du moins avec éloquence des préoccupations incessantes dont notre ministre de la guerre a été la *cause* et l'*objet* dans l'Empire d'Allemagne.

Ce n'était pas seulement, comme quelques-uns ont cherché, à en répandre le bruit en France, une simple manœuvre électorale

torale exigée par le renouvellement du Reichstag, puisque les calomnies, les injures, les quolibets ne lui ont pas été épargnés, *même*, quand a été élue la majorité nécessaire au vote du septennat.

M. de Bismarck avait déclaré dans le Parlement que le général Boulanger, c'était l'ennemi : cela suffisait pour que des deux côtés du Rhin, avec des sentiments bien différents, mais aussi violents, son individualité devint le point de mire des deux nations, du monde entier.

Au milieu de toutes les publications militaires allemandes, nous avons recherché la plus remarquable, sinon la plus impartiale, car nous admettons, — *sans nous en indigner*, — que le patriotisme teuton se serve de toutes les armes, même de l'ironie, pour essayer de rapetisser le Français, le soldat, le ministre qui a sérieusement préoccupé l'Allemagne, et restera sa crainte.

Le géneral Boulanger, *réformateur de l'armée française* (sic), un petit volume avec portrait gravé, est dû à la plume d'un journaliste allemand, M. Ruheman, rédacteur à *l'Écho de Berlin*. Au jour le jour, étape par étape, l'auteur suit son héros comme le romancier peut suivre le sien; — nos lecteurs d'ailleurs ont pu s'en rendre compte, puisque dans notre travail nous avons tenu à donner la première place à la traduction de cet ouvrage.

Le grand État-Major Allemand, — si nous sommes bien informés, et nous avons de bonnes raisons pour le croire, — n'a pas été étranger à cette publication, aussi nous sommes-nous attachés à en donner une traduction littérale, afin de lui conserver scrupuleusement son caractère authentique.

Il est intéressant de remarquer, qu'avant d'entrer dans le vif du sujet, l'écrivain allemand commence par déclarer dans une sorte de courte préface — qu'il n'y a pas dans le soldat qui l'occupe l'étoffe d'un dictateur. Le général n'a rien fait que son devoir, un devoir du reste d'allure fort suspecte pour l'Allemagne.

Dans la brochure, ces deux phrases ne veulent pas être un double éloge, mais les lecteurs français en feront, certainement, un double mérite à l'ancien ministre.

Puis le récit commence. L'élève du Lycée de Nantes est entré à Saint-Cyr, et l'auteur allemand nous le représente ministre, revenant à l'École militaire tout heureux dans sa visite officielle de retrouver l'infirmière qui avait si maternellement soigné le Saint Cyrien au cours d'une longue maladie.

Après avoir *osé* montrer ainsi les qualités de cœur du général, le livre allemand nous le peint faisant ses premières armes en Afrique, en Italie, en Cochinchine; on ne refuse pas au sous lieutenant, au lieutenant, au capitaine, l'enthousiasme, le courage, ces vertus premières du soldat, mais on voit dans cette abnégation continuelle de soi-même, dans cet amour du danger, de la patrie, du drapeau, dans ces blessures glorieuses, dans cette valeur morale, les signes certains d'une ambition exubérante....., ajoutant perfidement que le capitaine Boulanger, devenu professeur à Saint-Cyr, chef de bataillon, lieutenant-colonel auxiliaire à Champigny, faisant toujours et partout son devoir de Français, ne le fait que par amour de la publicité.

S'il veille au bien-être des victimes, s'il organise un régiment modèle, s'il est toujours blessé, s'il travaille, c'est uniquement pour qu'on parle de lui, simple querelle d'allemand trop futile, trop naturelle même, pour que nous la relevions sérieusement.

Les trois principaux griefs de l'auteur contre l'ancien ministre sont de même nature : *Un courage à toute épreuve, un travail acharné, un remarquable esprit d'organisation.* Mais c'est justement sur ces qualités que M. Ruheman s'est appuyé pour déclarer que le général Boulanger est sinon un ambitieux vulgaire, au moins un ambitieux dangereux.

Cette popularité qu'il s'est acquise lui est reprochée comme un crime.

Ses réformes, ses discours, la note patriotique qui lui monte du cœur aux lèvres, comédie !

Son espérance d'une revanche possible, sa bonté innée, sa simplicité, sa modestie : parade !

Son amour de la discipline, du devoir, ses grands mots : Patrie, honneur; son horreur de la routine, sa tolérance pour la barbe, ses récompenses décernées au mérite, sa présence au milieu des réjouissances publiques, ses instincts de soldat, ses opinions — ou plutôt — ses sentiments démocratiques : réclames que tout cela !

Chose curieuse, en écrivant ces commentaires, ces appréciations, l'auteur n'a pas ce ton de conviction, ce miroitement de style qu'il sait si bien prendre pour nous montrer le jeune capitaine luttant corps à corps avec quelque horde barbare, où le jeune général indigné qu'une chanteuse ait préféré la fleur offerte par un soldat italien aux bouquets des officiers français..... Il est regrettable, en raison même de leur militarisme exagéré, que les Germains en soient arrivés à ne plus comprendre certains sentiments de dignité que nous ressentons si profondément en France, et que le général Boulanger a su faire respecter en Tunisie.

En somme, l'écrivain allemand, dès qu'il interrompt son récit pour critiquer son héros, n'a plus l'air convaincu. N'est-ce pas un hommage de plus, inconsciemment rendu au ministre, dont il nous a présenté l'œuvre et la biographie.

Cependant, d'après les Allemands et leurs officiers les plus compétents, le général aurait fait une œuvre dangereuse pendant son passage au ministère.

Nous étudierons successivement toutes les mesures qui ont été prises par le ministre depuis le 7 janvier 1886, elles constituent un ensemble éloquent dont les conséquences sont plus éloquentes encore.

On n'incrimine pas plutôt telle ou telle de ces mesures, mais les littérateurs d'Outre-Rhin ne peuvent pardonner au général les résultats pour la France d'une activité de tous les instants.

M. Ruheman lui-même, malgré l'impartialité dont il fait où voudrait faire preuve, a laissé passer le bout de l'oreille, et, tout en contestant l'utilité de certaines réformes que l'Allemagne attaque trop vivement pour qu'elles nous aient été si nutiles ou même si nuisibles, a énuméré avec une sorte de complaisance les nombreuses modifications introduites dans l'armée. Toutefois, comme ses confrères, il se défend mal d'un certain sentiment d'inquiétude devant la recrudescence de patriotisme, de chauvinisme qui s'est manifesté par toute la France. Il semble regretter, entre les lignes, le rang honorable que l'armée a su reconquérir en France, et il ne se gêne pas pour dire, en passant, que le feu sacré ravivé ainsi dans les cœurs français est une menace directe et constante vis-à-vis de l'Allemagne.

Menace! — Non! L'écrivain se trompe dans cette affirmation dont il couvre l'admiration — disons le mot — que son sujet lui inspire.

M. Ruheman écrit, de trop bonne encre, pour ne pas rendre à César ce qui est à César, et il emprunte pour un instant les arguments de ses confrères allemands pour transformer en idées aggressives les mesures préventives courageusement opposées par l'ancien ministre de la guerre aux travaux énormes accumulés depuis quinze ans par les Allemands sur nos frontières.

Il emprunte ces arguments sans essayer de leur donner une valeur réelle, quelconque même, car en disant mon héros est un charlatan, il n'en dit pas moins ce charlatan est un héros.

Ce mot — on le sent — lui brûle quelquefois les doigts, et, si le rédacteur de l'*Echo* ne l'écrit pas... c'est qu'il écrit pour des Allemands...., c'est qu'il ne veut pas compromettre son éditeur...., c'est peut-être qu'une accusation de haute trahison est bien vite lancée par la Cour suprême de Leipzig!

M. Ruheman a fait tout ce qu'il a pu pour ne pas couvrir de fleurs celui qu'il considère un peu comme son ennemi personnel, mais, est-ce distraction? est-ce faiblesse? sa plume a parfois trahi sa volonté. Nous ne voulons pas nuire à l'auteur, dont l'opuscule nous a semblé intéressant pour les lecteurs français et qui a bien voulu nous céder le droit d'en faire la traduction, aussi devons-nous constater que dans l'ensemble il déteste bien celui dont il a retracé la vie, il le déteste par principe, sans pouvoir se refuser à lui rendre cette justice, que son passage au ministère de la guerre a constitué un véritable danger pour l'Allemagne.

M. Ruheman a raillé agréablement, critiqué vertement quelquefois, mais il a eu cette suprême loyauté, après avoir émis l'avis que le général Boulanger n'est pas un général Bonaparte, d'énumérer une partie de son œuvre en donnant franchement son opinion.

Nous compléterons donc son travail, utilement peut-être, dans la pensée de contribuer, même pour une modeste part, à la reconstitution de la confiance nationale, si heureusement entreprise et si vaillamment poursuivie pendant ces dix-sept mois.

Nous ne pouvions espérer qu'un écrivain allemand nous donnerait l'avantage dans ses comparaisons de notre armée à celle de son pays, mais tel qu'il est, *le jugement d'un ennemi*, sévère mais relativement loyal, ne saurait choquer celui qui en est l'objet.

M. Ruheman l'accuse, en passant, de sot orgeuil, de plate imitation, de népotisme, de *fumisterie...*, que sais-je? Tout cela, c'est le fond du tableau qui fait ressortir davantage ce que le peintre a placé en pleine lumière, au premier plan : le travail incessant, le remarquable esprit d'organisation de l'ancien ministre, sa sérieuse préparation pour la guerre de revanche.

Est-il nécessaire de relever certaines contradictions? Elles sont généralement trop évidentes à notre avis pour que ce soit bien utile, mais cependant nous devons en détacher une qui dépare les conclusions.

L'auteur dit en propres termes : Le général n'est rien qu'un soldat actif et un mangeur d'Allemands, qui veut toujours se faire tuer; puis, comme si cela ne suffisait pas, il s'écrie :

« Les Allemands ne peuvent cependant pas être les seuls à avoir de grands généraux! »

Le soldat actif est devenu général et grand général en deux lignes!

La diatribe acerbe à l'adresse de la France devait être la conclusion obligée du journaliste allemand, il ne voit que les revendications, les espérances de la France dans la popularité du général Boulanger. Il en fait une sorte d'incarnation du patriotisme parce que son œuvre, — mauvaise selon l'Allemagne, donc bonne pour nous, — a fait d'un des nôtres le premier des patriotes.

Voilà qui fait dédaigner les bases jalousies et les attaques perfides de certaines gens.

Ajoutons, ce que ne dit pas M. Ruheman, — sa brochure avait du reste paru avant le 30 mai, — que le général Boulanger, et ce n'est pas le moindre de ses mérites, a su demeurer suffisamment en dehors des passions politiques pour rester avant tout un loyal soldat, un ardent Français, un vrai patriote, sachant faire son devoir quand même, et prouvant ainsi qu'il saurait au besoin accomplir l'écrasante tâche que lui impose son surnom populaire de *général Revanche!*

L'œuvre du général Boulanger peut se diviser en deux parties bien distinctes : — nous serions même tentés de dire en deux œuvres bien différentes, — l'œuvre matérielle, technique; l'œuvre morale, nationale; tendant simultanément à ces deux buts : le relèvement de l'armée; le relèvement de la patrie.

La partie matérielle, comprend les mesures successivement adoptées, entrant au jour le jour dans la pratique, formant comme les jalons posés, étape par étape, vers la réorganisation complète de nos forces militaires.

La partie morale, essentiellement indépendante de la volonté du ministre, était comme la consécration de l'œuvre technique, comme la résultante d'efforts opiniâtres, clairvoyants, utiles pour la France. Toutes les mesures nouvelles, toutes les réformes se sont additionnées dans l'esprit de l'opinion publique, se sont totalisées pour former au *piocheur* — comme l'appelle M. Ruheman — une popularité indiscutable; incomprise seulement chez nous par des inimitiés politiques; indiscutée chez l'ennemi.

Nous ne saurions mieux dire, pour résumer l'opinion de l'étranger sur le ministre qui, pendant dix-sept mois, n'a cessé de veiller aux mille et un détails des services multiples de son important département, que de couper dans une feuille allemande du mois d'avril dernier, la phrase suivante aussi typique que topique.

« *Le général Boulanger, avec ses qualités et ses défauts, a obtenu ce résultat immense de rendre à la France la confiance en elle-même, tout en visant à ce que l'armée ne trahit pas cette confiance.* »

Ce résultat certainement enviable découle directement de tous les projets de réformes mis à l'étude et de toutes les décisions. Parmi ces mesures, les unes ont été raillées comme puériles, beaucoup sont au-dessus des attaques de la mauvaise foi où des plaisanteries des sceptiques.

« Écartez-en celles que vous voudrez, *nous disait un officier anglais*, il en restera toujours assez pour satisfaire le critique le plus exigeant, le ministre le plus consciencieusement jaloux de sa popularité. »

Ces mesures, nous devons les énumérer les unes après les autres, en nous bornant à une rapide nomenclature, afin de ne pas dépasser de beaucoup les proportions du cadre que nous nous sommes tracé.

Elles représentent en effet, non pas dix-sept mois de ministère, mais trente années d'un travail constamment suivi. Elles sont comme la biographie d'un officier remarquablement bien doué, qui ne se cantonne pas dans les obligations du service quotidien, qui regarde, observe, étudie, se souvient.

Élève d'une école, — militaire dans l'âme — le futur général s'y plie à la vie rude des casernes, s'y courbe devant une discipline de fer, s'y forme au rôle d'instructeur qui pourra lui incomber plus tard. Élève et instructeur, il a vu les côtés faibles de nos écoles spéciales, ministre, il essaie de pallier aux défectuosités constatées.

Jeune officier, toujours aux avants-postes, toujours au danger, il a couru les périls de longues campagnes, et dans la vie des camps avancés, dans l'éveil des escarmouches incessantes, dans les privations des détachements jetés loin de la mère patrie, devant l'ennemi insaisissable et toujours là, dans cette vie de combats perpétuels, de souffrances aiguës qui se rient des grades et des galons, qui rapprochent l'officier du soldat, au milieu de ses hommes il a pris sa part des sacrifices, il a senti les besoins, il a partagé les misères de tous; ministre, il s'efforce d'égaliser les sacrifices de la rude existence du citoyen qui paie à la patrie le tribut du sang.

Blessé sur les champs de bataille, il a éprouvé les désespérantes angoisses des jours d'ambulance, d'hôpital, il a appris que le physique ne guérit pas si le moral est attaqué !... Ministre, il apporte aux blessés, aux invalides de nos armées tout le bien-être qui lui a manqué à lui-même autrefois. C'est enfin et surtout par le moral qu'il travaille à rendre au soldat français la confiance en lui-même.

Officier supérieur, il a observé de près tous les détails de notre organisation militaire; il a apprécié les réformes inaugurées, il en a jugé les côtés faibles, les points défectueux; il a vu les améliorations urgentes à introduire, il a pressenti les modifications indispensables. Ministre, il remédie aux inconvénients, il perfectionne les avantages reconnus, il règle ou complète les organisations commencées

Les dix-sept mois de ministère du général Boulanger n'ont donc été que la mise en pratique de trente années d'études, de travaux, d'expérience.

Nous remarquerons encore, avant de commencer cette énumération nécessaire, que les plus urgentes des mesures prises ne sont pas les premières décidées. Celui que des ennemis, mal renseignés et volontairement aveugles, accusent d'avoir tout bouleversé, ne s'aventurait qu'à bon escient dans la voie des réformes ; les nécessités budgétaires le contraignant souvent d'ajourner les modifications qu'il eût voulu adopter. Le ministre ne s'est jamais imprudemment hâté de réaliser ce que le général avait rêvé ou conçu, un portefeuille n'étant pas une toute puissance et ne supprimant pas les considérations d'économie, d'opportunité, avec lesquelles on doit toujours compter comme administrateur.

Dans cette nouvelle situation, nous ne dirons pas si le général Boulanger s'est montré supérieur à ce qu'il est comme soldat, comme officier, comme patriote. Les nomenclatures, si arides qu'elles soient, si superflues qu'elles semblent au public, soucieux seulement des résultats obtenus et non des moyens employés, ont, comme les chiffres, leur brutale éloquence.

Nous croyons cette énumération utile pour permettre au lecteur de porter sur l'ancien ministre un jugement froidement raisonné. L'œuvre matérielle, technique du général Boulanger mérite d'être examinée sans préjugés, sans parti pris, avec impartialité, ne serait-ce que pour se faire une idée suffisamment exacte de l'activité, de la vitalité de la France au point de vue militaire, depuis le commencement de l'année 1886.

ANNÉE 1886

A son entrée au ministère, il adressa à l'armée l'ordre du jour suivant :

ORDRE DU JOUR A L'ARMÉE

Le Président de la République me fait le grand honneur de m'appeler au ministère de la guerre.

C'est avec confiance que j'accepte cette haute mission, persuadé de trouver à tous les degrés de la hiérarchie, quels qu'ils soient, un concours absolu basé sur les sentiments de devoir, d'obéissance et de dévouement au pays dont l'armée ne cesse de donner tant de preuves.

Nous poursuivrons avec énergie, en marchant dans la voie tracée par mes éminents prédécesseurs, ce travail de rénovation militaire auquel nous nous consacrons depuis quinze ans.

Vive la France! Vive la République!

Paris, le 8 janvier 1886.

Le ministre de la guerre,
Général BOULANGER.

11 janvier. — Simplification des écritures. Note ministérielle portant adoption d'un nouveau modèle de rapport annuel sur la gestion des ordinaires des corps de troupe.

Adoption de l'encre Dragon pour toutes les marques à imprimer sur la doublure des effets d'habillement, ainsi que sur les effets de grand et de petit équipement et de coiffure, tant dans les corps de troupe que dans les magasins administratifs. Cette encre indélébile supprime l'emploi de la marque au coton rouge qui était une complication et une source d'abus; car, malgré la surveillance exercée, les anciens soldats faisaient souvent payer aux recrues, à leur arrivée au corps, des prix exagérés pour le marquage, cause, par la suite, de querelles et d'inimitiés.

15 janvier. — Instruction pour l'amélioration de l'habillement des sous-officiers élèves dans les écoles. Grenade en or au collet, képi d'adjudant, soutache de la capote d'adjudant, sabre et dragonne du sergent-major d'infanterie, col et brodequin.

Effets de tenue de jour et de grande tenue, effets différents pour la tenue d'intérieur ou d'exercice.

Publication d'une notice ministérielle sur la tente à chevalets mobiles, système Favret, destinée à servir de boulangerie, panneterie de campagne, et au moyen d'aménagements particuliers, d'ambulance, casernement, réfectoire et magasin.

18 janvier. — Simplification et unification des cahiers des charges pour les fournitures du service de l'habillement et du campement, par une circulaire résumant les règles relatives à l'ordonnancement et à la liquidation de ces fournitures.

20 janvier. — Rédaction et réduction des circulaires et lettres collectives et publication des décisions ministérielles. — Le ministre fait connaître qu'il a l'intention de faire procéder dans chaque ser-

vice à la codification des instructions, circulaires, décisions en vigueur, en vue de faciliter à tout officier la connaissance synthétique rapide d'un service, et, de ne pas le laisser se heurter dans l'application à des documents surannés, incomplets, contradictoires, tombés en désuétude, donnant souvent lieu à de véritables conflits administratifs.

Il prescrit que, en attendant cette révision méthodique, il ne sera plus employé, sauf pour les questions confidentielles, objets de dispositions spéciales ultérieures, d'autres moyens de communications que la note ministérielle insérée au Journal militaire officiel. Ce projet est en voie d'exécution, mais nous savons que ces dispositions devaient être complétées. Chaque fois que le Journal militaire officiel insère un réglement nouveau, visant quelqu'article de réglements précédents, pour l'abroger ou le modifier, on devait ajouter : En conséquence, le paragraphe X... de l'article X... du réglement n° X... est — ou modifié de la façon suivante — ou abrogé et remplacé par.... Le chef de corps veille à ce que ces rectifications soient régulièrement mises à jour, et les inspecteurs peuvent s'en assurer facilement dans leurs tournées.

30 janvier. — Classement, dans les ministères et dans les états-majors de corps d'armée, en trois séries, des dépêches à expédier : *Personnel*, *Matériel*, *Cabinet*. Chaque série devra être expédiée sous enveloppe portant la mention indiquée. La mention *cabinet* est réservée aux affaires générales émanant du ministère, et à celles provenant des corps d'armée sur lesquelles les commandants de corps voudraient attirer tout particulièrement l'attention du ministre.

30 janvier. — Fixation au seizième de l'effectif dans chaque corps de troupes le nombre de sous-officiers à recevoir comme réengagés. On se souvient du véritable début du général Boulanger à la tribune de la Chambre des députés, au sujet d'une question sur la permutation qui venait d'être effectuée entre la 9e brigade de cavalerie (Tours) et la 11e (Nantes et Pontivy). Un ordre du jour d'approbation fut voté au ministre de la guerre par 347 voix contre 153 ; nous ne reviendrions pas sur cet incident qui appartient à la vie parlementaire s'il n'avait été suivi d'une importante circulaire que nous devons reproduire, car elle marque bien l'attitude que prendra résolument le ministre dans les questions de service. Cette circulaire

fut lue le 1er février 1886 à la tribune, et c'est dans le *Journal officiel* que nous en prenons le texte avec ses annotations :

« Messieurs les gouverneurs militaires de Paris et de Lyon,

« Messieurs les généraux commandant les corps d'armée,

« J'ai l'honneur, comme membre du cabinet et ministre de la guerre, d'appeler toute votre attention sur la ligne de conduite qu'impose à chacun dans l'armée la déclaration du gouvernement.

« L'armée a le devoir étroit de rester étrangère à la politique. (Applaudissements sur tous les bancs.)

« Il me semble toutefois nécessaire de déterminer nettement ce qu'il convient d'entendre par *politique dans l'armée*, et de rendre à cette expression son sens exact, sa portée véritable.

« On a réservé, jusqu'à ce jour, le reproche de faire de la politique à ceux qui ne craignaient pas d'affirmer leurs sympathies pour l'ordre de choses établi (Vifs applaudissements à gauche) ; mais ce reproche n'a jamais été adressé sérieusement à ceux qui faisaient parade de sentiments hostiles.

« Je désire mettre fin à une équivoque indigne des uns et des autres.

« Il ne sera point fait de politique dans l'armée ; il n'en sera fait par personne. (Applaudissements.)

« Vous exigerez des officiers et des fonctionnaires militaires, non seulement dans leurs relations avec les représentants de l'autorité, mais dans toutes les circonstances, cette attitude digne, loyale et respectueuse, si fermement précisée dans la déclaration, et vous m'aiderez résolûment à rappeler, à ceux qui l'oublieraient, ce qu'ils doivent au gouvernement du pays. » (Vifs applaudissements à gauche.)

Je serais très heureux si j'ai traduit dans ce document le sentiment de la Chambre. (Oui! oui! à gauche.)

Car j'ai la conviction de remplir un devoir et d'accomplir une mission en faisant comprendre à quelques-uns qu'il faut qu'ils renoncent à des prétentions surannées (nouveaux applaudissements), à d'autres, qu'à défaut des leçons incomprises de l'histoire, le bon sens fait suffisamment justice et qu'il faut qu'ils marchent avec nous résolûment, en tête de leur génération qui n'a ni le loisir ni la volonté de les attendre. (Applaudissements plusieurs fois répétés à gauche.)

3 février. — Décret admettant en temps de guerre, au bénéfice de la remonte gratuite, les officiers remontés à titre onéreux en temps de paix, pour un nombre de chevaux égal à la différence entre la fixation du pied de paix à celle du pied de guerre. C'était un acheminement vers la remonte gratuite de tous les officiers, aussi ôt que les ressources budgétaires pourraient le permettre. Il y a en effet une inégalité entre deux catégories d'officiers, le capitaine et le chef de bataillon, alors que l'augmentation de solde est insignifiante la première année ou en cas de perte de chevaux.

Le service peut avoir à souffrir de la remonte à titre onéreux, car l'officier supérieur qui a une sphère de surveillance plus étendue peut songer à ménager sa monture. D'autre part, on ne peut craindre que l'officier supérieur, plus sérieux, plus expérimenté que le jeune capitaine, ne ménage pas le cheval qui lui est accordé par l'État.

6 février. — Décret modifiant les heures de rentrée à la caserne pour les sous-officiers, caporaux et soldats, de manière à donner aux uns et aux autres plus de liberté. L'appel du soir était fixé en tout temps à 9 heures, sans qu'il fût besoin de battre la retraite une demi-heure ou une heure avant l'heure fixée pour l'appel : la retraite a été par suite supprimée, mais les commandants peuvent, lorsqu'ils le jugent utile, ordonner que la retraite soit battue ou sonnée, et autoriser des retraites aux flambeaux une ou plusieurs fois par mois. Le soldat peut ainsi, entre les exercices du soir qui se terminent maintenant généralement à cinq heures, et l'heure de l'appel, jouir d'une certaine liberté.

Les adjudants sous-officiers, décorés de la Légion d'honneur ou de la Médaille militaire et les sous-officiers réengagés que le service ne retient pas au quartier, sont autorisés à ne rentrer qu'à une heure du matin ; les autres sous-officiers, caporaux ou brigadiers fourriers et les soldats décorés de la Légion d'honneur ou de la Médaille militaire, sont dispensés de l'appel du soir, mais ils doivent rentrer à onze heures ; les sous-officiers mariés sont autorisés à loger en ville, mais couchent au quartier quand ils sont de service.

Les sous officiers sont ainsi rentrés dans le droit commun, et un peu plus assimilés aux officiers ; leur condition morale s'est assez véritablement améliorée, pour qu'ils soient engagés à rester au service. Il est certain que dans les premières semaines de la mise en vigueur de ces mesures, presque tous ceux qui avaient été longtemps sequestrés, ont largement abusé des faveurs accordées — on se figure aisément une bande de jeunes gens lâchés tout à coup, — mais tout est bientôt rentré dans l'ordre et les abus des premiers jours ont partout disparu.

Les colonels peuvent du reste retirer ces autorisations lorsqu'il y a abus, ou lorsque l'intérêt du service le commande.

4 février. — Note ministérielle relative à la suppression des exercices pratiques des cadres et des manœuvres de brigades avec cadres.

Ces exercices n'avaient plus leur raison d'être depuis le remaniement des règlements qui contiennent tous les éléments d'une bonne instruction des cadres. Les tableaux de service étaient du reste très chargés déjà, et le principe de l'instruction par le commandant de compagnie étant admis, il en résultait que les soldats se trouvaient sans cadres pendant la durée de ces exercices.

Le même jour. — Note ministérielle relative à la division en deux chapitres (personnel et matériel) des dépenses du service de l'habillement.

9 février. — Prescription de dispositions pour la rédaction et la transmission des ordres de mouvement donnés par le ministre. — Décision, autorisant le placement des chefs ouvriers tailleurs et cordonniers, des corps d'infanterie et de cavalerie fractionnés, aux portions actives de ces corps.

Cette décision était un grand avantage pour les officiers, plus nombreux à la portion active qu'au dépôt.

12 février. — Note relative à l'emploi de la morue rouge classée parmi les aliments destinés à varier les ordinaires. Précautions à prendre.

15 février. — Interdiction faite à tous les militaires de solliciter quoique ce soit en dehors de la voie hiérarchique. Nous ne ferons pas un crime au ministre d'avoir parfois contrevenu lui-même à cette sage disposition, désireux qu'il était de rendre justice ou de donner satisfaction à ceux qui s'adressaient directement à lui.

Interdiction aux médecins et pharmaciens militaires de concourir pour les emplois civils, sans autorisation préalable.

Suppression, en 1886, pour insuffisances budgétaires des opérations d'inspection et de classement des chevaux.

16 février. — Circulaire apportant des restrictions à celle du 24 novembre 1874, qui prescrivait d'organiser dans les corps de troupe de cavalerie, des courses avec obstacles naturels et des rallye paper, et de faciliter aux officiers, dans les régions de chasse à courre, les moyens de suivre ces chasses. La circulaire n'avait d'autre but que celui de ne pas détourner du service un nombre trop considérable de chevaux de troupe.

19 février. — Décret organisant le 4me régiment de tirailleurs tonkinois à 4 bataillons et 4 compagnies, avec les seules ressources du département de la guerre, la situation de l'infanterie de marine ne lui permettant pas de constituer ces cadres.

20 février. — Rétablissement de l'envoi des comptes rendus numériques des militaires employés à des services divers.

21 février. — Établissement d'un nouveau tarif des indemnités de première mise de petit équipement, pour les sous-officiers promus officiers. Ces modifications étant la conséquence équitable et logique des changements de tenue adoptées et répondant plus exactement aux dépenses obligatoires qui s'imposent aux intéressés.

22 février. — Décisions fixant des indemnités à des professeurs civils, employés dans des écoles militaires : — Des indemnités, pour pertes de chevaux, aux cavaliers indigènes, employés comme guides en Algérie. — Organisation des dépôts de remonte d'Algérie et de Tunisie pour la masse de harnachement et de ferrage, comme les dépôts de remonte de l'intérieur.

23 février. — Circulaire accordant de nouveaux avantages aux sous-officiers rengagés, les dispensant du port du havresac dans les exercices ordinaires et les invitant à se procurer, à leurs frais, une malle comme celle des officiers, se plaçant sous leur lit pouvant être transportée dans les fourgons de bagages aux changements de garnison.

Aménagement d'une salle spéciale pour eux si les ressources de casernement le permettent. Elle sera un lieu de réunion pour les sous-officiers réengagés ou non, afin qu'ils puissent tous s'y voir, lire et jouer aux jeux dits « de bois ».

Décret prescrivant que, les sous-officiers réengagés et les sous-officiers, caporaux, brigadiers ou soldats décorés de la Légion d'honneur ou de la médaille militaire, ont droit au salut des militaires non réengagés et non décorés.

26 février. — Décision relative à la supppression des prix en *espèces*, accordés aux officiers et sous-officiers vainqueurs dans un concours hippique ou dans une course militaire. Le prix devra être, à l'avenir, un objet d'art ou militaire.

27 février. — Les corps de cavalerie, changeant de garnison par étapes, emmèneront leur forge à quatre roues et leurs cinq fourgons à bagages pour faciliter les transports.

28 février. — Lors de ces changements de garnison, les chevaux âgés de moins de cinq ans seront, à l'avenir transportés par les voies ferrées. Une note ministérielle du même jour fait connaître, d'après l'avis du conseil d'État, le mode de calcul de l'indemnité à allouer aux hospices civils, pour le traitement des malades militaires.

1er mars — Décret supprimant tous les comités consultatifs ou commissions fonctionnant auprès du ministre de la guerre, et instituant pour chaque arme et pour chaque service de l'armée active désigné par le ministre, un comité consultatif dont le chef de la section technique est de droit secrétaire.

Dispositions relatives à l'exécution des exercices régionaux annuels d'instruction du personnel de la télégraphie militaire.

Suppression des programmes spéciaux d'instruction de la cavalerie territoriale, les colonels de cavalerie sont chargés de la direction de cette instruction.

Approbation de la rédaction du carnet aide-mémoire de l'officier de cavalerie en campagne, préparé par le comité consultatif de l'arme.

2 mars. — Décret déterminant que les contrôleurs de 1re et 2e classe, passeront dans la section de réserve à l'âge fixé pour les généraux de division et de brigade (65 et 62 ans).

Interdiction de l'usage des lampes à pétrole ou à essence dans les locaux et magasins des corps de troupe.

3 Mars. — Circulaire relative aux opérations des conseils de revision : Les généraux commandant les subdivisions continuent à être désignés pour faire partie du conseil, mais seulement pour les cantons des subdivisions territoriales dont ils ont le commandement et non pour le département entier.

5 mars. — Décret portant à neuf le nombre des membres du conseil supérieur de la guerre, non compris le ministre de la guerre, président et son chef d'état-major général, rapporteur.

5 mars. — Suppression de la feuille de route individuelle, délivrée aux hommes de troupe renvoyés dans leurs foyers; remplacement de cette feuille par une mention spéciale portée à la fin du livret individuel, sur la partie interne de la couverture et signée par le major ou l'officier faisant fonctions, ou par le commandant d'armes ou le commandant de la section, pour les sections d'administration.

8 mars. — Détermination des conditions à remplir par les officiers de réserve de l'armée territoriale; établissement par le comité consultatif de l'intendance des tableaux de propositions à soumettre au choix du ministre.

10 mars. — Notes relatives aux demandes d'emplois civils formées par des sous-officiers dans des conditions inacceptables.

11 mars. — Suppression de l'indemnité allouée aux hommes de troupe pour résidence ou rassemblement dans Paris; cette mesure est motivée sur ce qu'il est alloué, pour l'achat de la viande une indemnité distincte de la solde, variable suivant les localités.

Suppression du concours pour l'emploi de major dans la cavalerie.

13 mars. — Décision portant que les majors, ayant exercé ces fonctions pendant trois ans, pourront être remplacés, sur leur demande, par des capitaines promus commandants, *au tour de choix*, au fur et à mesure des nominations.

Suspension de la fabrication des pantalons de cheval, en raison du changement à l'étude dans la tenue de la cavalerie.

15 mars. — Par décision, les soldats musiciens mariés, pourront être dispensés de participer aux distributions de conserves de viande, sur leur demande, de même que les sous officiers mariés, les hommes en traitement et les enfants de troupe.

15 mars. — Établissement des salles d'honneur destinées aux réunions d'officiers, conférences, inspections générales ou trimestrielles, séance de conseil de régiment, de discipline, etc. Ces salles doivent être ornées du buste et du portrait du président de la République, de celui du chef de corps et de ses prédécesseurs, de tableaux portant les noms des officiers, sous officiers, caporaux et soldats tués à l'ennemi; de cadres renfermant copie des ordres du jour, des rapports relatant des faits honorables pour le régiment, etc..... Un exemplaire de l'historique du régiment. Les détails de décora-

tion et les adjonctions possibles sont laissés à l'initiative du corps d'officiers.

Le 15 mai suivant, les corps de troupe sont autorisés à prélever, sur leur masse générale d'entretien pendant les années 1886 et 1887, une somme annuelle de 100 francs maximum pour ces installations.

17 mars. — Décret sur le port de la barbe, trop connu, pour que nous ayons à en consigner la teneur.

Mesures préventives contre les accidents dans les cartoucheries, emploi de chaufferettes et de briques chauffées dans les salles d'artifices.

18 mars. — Note complémentaire à la circulaire du 8 décembre 1885 sur la simplification des écritures dans les corps de troupes et les différents services.

Instructions réunissant les dispositions relatives aux modes de répartition et d'administration des crédits du service des transports, qui faisaient l'objet de plusieurs lettres collectives.

19 mars. — Prorogation d'un an, à partir du 1er avril 1886, des marchés passés en 1885, pour le service des lits militaires en France et en Algérie.

Ordre de mise en service dans les corps d'infanterie d'un appareil contrôleur du pointage.

Décret modifiant et facilitant les dispositions relatives aux prolongations de permissions ou de congés.

22 mars. — Dispositions pour les manœuvres en pays de montagnes en 1886.

Notes sur les avis à donner aux familles des militaires décédés, ordre d'apporter dans l'avis expédié sans délai, tous les ménagements désirables.

Instruction pour l'admission, en 1886, des élèves boursiers militaires dans les trois écoles vétérinaires.

Participation de l'armée à l'érection d'un monument commémoratif de la victoire d'Hondschoote (7 janvier 1793).

29 mars. — Promulgation de la loi qui maintient, jusqu'à promulgation de la loi nouvelle sur l'organisation de l'armée, les modifications successivement apportées à l'article 79 de la loi du 27 juillet 1872, sur le recrutement de l'armée.

30 mars. — Décret mettant le fonctionnement de la commission supérieure des chemins de fer en harmonie avec celui des comités

ou commissions des différentes armes. Réorganisation de la commission supérieure des chemins de fer, sous la présidence du chef d'Etat-major général du ministre de la guerre.

Constitution de sept sections techniques auprès des diverses directions et services du ministère de la guerre, règlement de leur organisation et de leur fonctionnement; examen au premier degré de toutes les questions soumises par le ministre. Les comités créés par le décret du 1er mars examinent celles de ces questions pour lesquelles le ministre juge nécessaire une instruction au deuxième degré.

31 mars. — Règlement des rapports qui doivent exister entre les gouverneurs militaires ou commandants de corps d'armée et les commandants ou directeurs des écoles militaires situées dans l'étendue de leur commandement.

Décision portant qu'à partir de l'année 1887, le diplôme de baccalauréat de l'enseignement secondaire spécial, sera admis au nombre des titres universitaires, dont les candidats aux écoles militaires spéciales, doivent justifier pour se présenter aux concours.

2 avril. — Loi autorisant de dépasser, pour les croix et médailles militaires, les proportions déterminées, en faveur des militaires chargés des opérations de guerre au Tonkin et en Annam.

3 avril. — Modifications aux opérations de la visite médicale bis-annuelle des titulaires de gratifications renouvelables domiciliés en Algérie; suppression, ipso facto, de déplacements onéreux pour ces pensionnés temporaires.

5 avril. — Instruction déterminant les conditions d'établissement des propositions pour le grade de sous-lieutenant de cavalerie, les examens d'instruction professionnelle, les coefficients, les classements, et enfin, établissant des dispositions spéciales pour les emplois de sous-lieutenant-adjoint au trésorier et de sous-lieutenant porte-drapeau.

6 avril. — Décret réorganisant la gendarmerie sur des bases plus simples, plus logiques et surtout *moins onéreuses* pour le budget.

L'organisation des légions nouvelles correspond à l'organisation régionale, une légion pas corps d'armée, sous les ordres d'un colonel ou d'un lieutenant-colonel; les compagnies sous le commandement d'un chef-d'escadrons ou de capitaines; les emplois de trésoriers attribués aux lieutenants ou sous-lieutenants; les arrondissements ou sections commandés par des capitaines, lieutenants ou sous-lieutenants, suivant l'importance. Les nombreuses réductions opérées par ces dispositions dans les cadres s'opéreront par voie d'extinction.

6 avril. — Décret modifiant les articles 219 infanterie, 225 cavalerie, 234 artillerie, du réglement sur le service intérieur, et prescrivant la manière dont les officiers doivent se présenter chez les autorités civiles et militaires. Ils se découvrent, après avoir salué, chez le Président et les autorités militaires; ils se présentent découverts chez les autorités civiles et chez un supérieur qui n'est pas en tenue.

Les sous-officiers, caporaux, brigadiers et soldats ne se découvrent que lorsque le supérieur les y autorise.

Modifications à la Constitution et aux attributions du Comité consultatif de santé.

12 avril. — Dispositions relatives au classement et au recrutement des écoles militaires préparatoires et à la nomination des enfants de troupe une seule fois par an.

Suppression du bouchon en bois des fusils, sans utilité depuis l'emploi des cartouches métalliques.

18 avril. — Promulgation de la loi sur l'espionnage.

24 avril. — Décret de classement des officiers proposés pour l'avancement.

Le classement est établi par la Commission supérieure pour les grades de colonel, généraux de brigade et de division; par une Commission régionale jusqu'au grade de lieutenant-colonel inclusivement.

Prescription relative à l'inscription après approbation ministérielle, des noms usuels adoptés pour les casernes de France et d'Algérie. Ces noms devront rappeler un homme de guerre ou une victoire. Pavoisement des hôtels des quartiers généraux, comme dans la marine.

Peinture des guérites : aux trois couleurs, bandes verticales bleues, grises et rouges.

Ordonnances pour la désinfection des divers locaux de casernement, frais au compte du service de santé.

26 avril. — Dispositions pour l'appel des réservistes classes 1877 et 1879 et pour l'appel de la cavalerie territoriale des classes 1874 et 1875.

29 avril. — Désignation du corps du Tonkin sous le nom de : « Division d'occupation du Tonkin et de l'Annam. »

Simplification dans la rédaction des annexes aux réglements, sur l'instruction pratique du service de la cavalerie en campagne.

4 mai. — Modification à l'institution pratique des cadres inférieurs et supérieurs de cavalerie.

10 mai. — Décret réglant le cérémonial de la remise des insignes de la Légion d'Honneur et de la médaille militaire aux militaires nommés ou promus ; ils seront dorénavant reçus lors d'une revue, dans les conditions les plus propres à rehausser l'éclat des services rendus et de la récompense accordée.

10 mai. — Etablissement de comptes-rendus, rapports annuels, sur l'instruction spéciale donnée à chacun des régiments du génie. Attribution du collet-manteau aux élèves du Prytanée militaire.

14 mai. — Création en Annam de quatre bataillons de troupes indigènes sous le nom de bataillons de chasseurs annamites.

Règlement du fonctionnement des commissions régionales de classement instituées par décret du 24 avril.

15 mai. — Instruction pour l'application aux troupes du génie du règlement sur le service intérieur des troupes d'infanterie (28 décembre 1883) par suite des modifications nécessitées par l'organisation spéciale et le service technique des troupes de génie.

Règlement sur la durée des prolongations de congés de soutiens de familles des militaires susceptibles d'être compris dans le renvoi annuel de leur classe par anticipation. Elles devront être calculées de manière à permettre aux intéressés de rester dans leur famille.

16 mai. — Modification au modèle des soutaches et galons de grades des adjudants de toutes armes.

Fixation des marques distinctives des sous-officiers réengagés ; suppression des galons d'ancienneté en forme de chevrons, que ces sous-officiers cherchaient souvent à ne pas porter, et remplacement par une soutache, dite au passé, posée sur le bord du parement.

Changement de l'ancien col d'officier et d'adjudant en un col blanc en toile fixé à la doublure du collet du dolman, qu'il ne doit dépasser que de deux millimètres.

17 mai. — Présence de la gendarmerie aux revues passées à l'occasion de la fête nationale.

19 mai. — Décret d'organisation du service d'aérostation militaire.

1° Études de construction et d'emploi des ballons pour les besoins de l'armée.

2° Construction, conservation et entretien du matériel aérostatique.

3° Instruction du personnel militaire chargé de la manœuvre des ballons.

Placement dans les attributions de l'état-majol général du ministre, de la direction générale et immédiate de l'établissement central de Chalais.

Installation de parcs aérostatiques dans chacune des Écoles régimentaires du génie et dans les places désignées par le ministre; affectation d'une compagnie de chaque régiment du génie au service de l'aérostation militaire,

19 mai. — Instructions et réglementations complémentaires pour le service d'aérostation.

Fixation de la tenue des médecins et pharmaciens auxiliaires habillés aux frais de l'Etat.

Suppression du port du sabre à la selle pour les officiers de cavalerie et les hommes de troupe de la même arme pourvus de révolver; ainsi, les officiers et sous-officiers ne seront pas dépourvus de leurs insignes de commandement, et les hommes auront leur sabre en mettant pied à terre.

Règlementation des permissions à accorder aux travailleurs pour la moisson.

Circulaire relative à l'ancienneté minima exigible des candidats pour l'avancement à proposer en 1886.

22 mai. — Fonctionnement du service des pigeons voyageurs placé dans les attributions de la section technique de l'état-major général, chargé de la direction générale du service, de l'étude des questions relatives aux colombiers militaires, des relations avec les sociétés civiles, pour les entraînements à effectuer, des récompenses accordées chaque année par le gouvernement.

La quatrième direction du génie conserve l'administration des colombiers militaires, qui relèvent du chef du génie de la place oû ils sont installés.

Résumé d'instructions diverses sur les inspections de différents corps de troupes et services pendant l'année 1886.

25 mai. — Règlement relatif aux médecins et pharmaciens auxiliaires.

25 mai. — Dépôt, sur le bureau de la Chambre, du projet de loi organique militaire.

LA LOI ORGANIQUE MILITAIRE

CONSIDÉRATIONS GÉNÉRALES

L'expérience de la dernière guerre avait démontré l'insuffisance de la loi de 1832 sur le recrutement de l'armée, bien qu'elle eût été déjà modifiée par la loi du 26 avril 1855, qui n'avait jamais été complètement appliquée. La garde nationale mobile, en effet, n'avait pas été organisée, et n'avait pas reçu l'instruction nécessaire pour constituer une armée de deuxième ligne. Aussi, dès sa réunion, l'Assemblée nationale s'occupa-t-elle de la Réorganisation de l'armée.

La loi votée le 27 juillet de 1872 ne donna pas complètement satisfaction à l'opinion publique : ses bases étaient restées les mêmes que celles de la loi de 1832. Elle avait admis le principe du service militaire personnel, et supprimé le remplacement et l'exonération, mais elle les avait réintroduits en les déguisant sous le nom de volontariat d'un an (engagements conditionnels d'un an) ; elle avait maintenu un certain nombre d'exemptions et de dispenses, mesures qui éloignaient les sujets d'élite et les favorisés de la fortune, et nuisait ainsi à la bonne constitution de l'armée.

Une réforme plus radicale était devenue nécessaire, et la loi sur le Recrutement avait déjà été votée par la Chambre dans la précédente législature et soumise au Sénat, lorsque le général Boulanger, nommé depuis peu ministre de la guerre, en opéra le retrait et déposa, sur le bureau de la Chambre actuelle, dans la séance du 25 mai 1886, un Projet de loi organique militaire. Ce n'est pas seulement une loi de recrutement, mais un véritable code militaire, car il embrasse, dans son ensemble, les dispositions concernant le recrutement et les obligations militaires des citoyens, l'organisation de l'armée, la constitution des cadres et les règles de l'avancement.

Nul ne pouvait mieux mener à bien une telle entreprise que le général Boulanger, dont l'activité et l'ardeur au travail sont remarquables, et qui joignait à une volonté ferme, une intelligence supérieure et une très grande énergie physique.

Animé des sentiments du plus pur patriotisme et dédaigneux des critiques, il avait déjà su accomplir d'heureuses réformes, et il appliquait tous ses soins à la bonne organisation de nos forces nationales.

Il ne faut pas chercher d'autres causes à la popularité dont jouit auprès des masses le jeune général, chef suprême de l'armée, et l'on ne doit pas s'étonner de voir la foule témoigner son enthousiasme pour celui qui personnifie le mieux ses espérances et ses revendications légitimes.

Le général Boulanger avait pu, dans les hautes fonctions qu'il avait occupées, comme directeur de l'infanterie au ministère de la guerre et comme commandant du corps d'occupation en Tunisie, étudier les défauts de notre organisation militaire; aussi était-il prêt, lorsqu'il arriva au ministère de la guerre, pour appliquer ses idées et présenter les réformes qu'il jugeait nécessaires.

Grâce à ses efforts persévérants, l'esprit public fut bientôt dans les meilleures dispositions pour accepter les changements projetés : le service obligatoire est admis en principe, et toutes les réformes que l'application rigoureuse de ce principe va entraîner seront accueillies sans grande protestation, en attendant qu'elles passent complètement dans nos mœurs.

Les nombreuses lois votées depuis 1872 présentaient des lacunes et des difficultés d'exécution qu'il était nécessaire de combler ou de faire disparaître; il appartenait à un général soutenu par l'opinion publique de demander la révision de certaines dispositions conçues à une époque où l'on n'entrevoyait pas, aussi nettement qu'à l'heure actuelle, le but à atteindre, et qu'aujourd'hui l'affermissement des institutions démocratiques permet de réclamer.

Les modifications essentielles que renferme le projet de loi, et desquelles dérivent toutes les autres, reposent sur le service obligatoire et personnel pour tous les jeunes gens ; ce qui entraîne la suppression du volontariat, la réduction du service actif à trois ans, la constitution solide des cadres inférieurs par des avantages faits aux sous-officiers, la complète unification du corps d'officiers par la communauté d'origine et l'augmentation de sa valeur par la sélection que produiront pour les grades supérieures les épreuves à subir à l'entrée et à la sortie des écoles d'application et de l'École supérieure de guerre.

La commission de la Chambre des députés s'est montrée favorable au projet de loi organique militaire présenté par le ministre de la guerre et en a adopté les dispositions essentielles, après les avoir examinées et sérieusement discutées. Les deux premiers titres, sur lesquels M. Laisant, député, a déposé son rapport, ne diffèrent pas sensiblement du projet présenté par l'ancien ministre de la guerre.

Le Projet de loi organique militaire comprend dans son ensemble quatre titres :

Titre Ier. — Obligations militaires des citoyens et recrutement de l'armée.

Titre II. — Rengagement des sous-officiers.

Titre III. — Organisation de l'armée et constitution des cadres.

Titre IV. — Avancement.

TITRE Ier.

OBLIGATIONS MILITAIRES DES CITOYENS ET RECRUTEMENT DE L'ARMÉE

Le principe de l'obligation du service militaire consacré par l'article 1er de la loi constitue, avec la réduction du service dans l'armée active, la base même du projet. Tous les jeunes gens compris chaque année dans le contingent devant être incorporés, on a dû chercher le moyen d'obtenir le maximum des forces en temps de guerre, tout en réduisant au minimum strictement nécessaire les charges en temps de paix. Le temps du service militaire a donc été ainsi réglé :

Dans l'armée active.	3 ans
Dans la réserve de l'armée active.	6 ans
Dans l'armée territoriale.	6 ans
Dans la réserve de l'armée territoriale. .	5 ans

Modifications aux lois antérieures.

L'adoption de ces principes a entraîné des modifications à certaines dispositions essentielles des lois antérieures :

Suppression du volontariat d'un an et des dispenses à titre conditionnel admise par l'art. 20 de la loi de 1872; suppression de la division du contingent en deux classes; remplacement du tirage au sort préalable par un tirage au sort effectué à la fin de la séance du conseil de révision; rattachement des troupes de la marine au département de la guerre, en vue de constituer les troupes coloniales; enfin application de la loi à l'Algérie et aux colonies.

Comme conséquence de ces suppressions, on a dû adopter d'autres dispositions nouvelles telles que :

Suppression du service auxiliaire, modifications des principes admis pour les dispenses du service actif en temps de paix et pour les sursis d'appel, organisation par canton d'exercices périodiques de la réserve et de l'armée territoriale, rengagement des caporaux et soldats, simplification des formalités pour changer de domicile, recrutement des troupes coloniales, création d'une taxe militaire, dispositions en vue d'assurer le budget.

Suppression du volontariat. — Sursis d'appel.

Institué en vue d'assurer l'avenir des carrières libérales, sans que cependant les jeunes gens autorisés à contracter, dans certaines conditions, un engagement conditionnel d'un an, fussent entièrement perdus pour l'armée et rentrent dans ses rangs en cas de guerre, le système du volontariat d'un an n'avait pas donné, au point de vue militaire, les résultats que l'on était en droit d'espérer. Les jeunes gens qui avaient passé une année sous les drapeaux, n'étant pas rappelés avant leur passage dans la réserve, avaient oublié, pendant les quatre années passées dans la disponibilité, tout ce qu'ils avaient appris, et, comme ils n'avaient qu'un but, celui de s'éloigner du service dès que leur année serait terminée, leur présence sous les drapeaux était plutôt une cause de démoralisation pour l'armée qu'une augmentation de forces ; aussi la suppression en avait-elle été demandée, d'autant plus que beaucoup de jeunes gens admis à contracter l'engagement conditionnel ne recherchaient que l'exonération du service.

L'auteur du projet de loi, tout en songeant à faire peser également sur toutes les classes de la nation les charges militaires, se préoccupa d'assurer l'avenir des carrières libérales, c'est pour cette raison que les sursis d'appel pour achèvement d'études ont été institués.

Les sursis d'appel ne confèrent ni exemption, ni dispense. Il est accordé pour un an et quelquefois pour deux ans.

Un troisième et un quatrième sursis peuvent être accordés à une certaine catégorie d'élèves.

Les demandes de sursis sont introduites dans les formes indiquées dans la loi.

Les jeunes gens, qui ont obtenu des sursis, sont tenus, à l'expiration de ces sursis, de satisfaire à toutes les obligations d'activité de la classe avec laquelle ils sont incorporés et, en cas de guerre, ils marchent avec elle.

Les jeunes gens qui se destinent aux carrières libérales trouveront du reste dans la loi des moyens de satisfaire aux exigences de leurs études et il leur suffira d'acquérir l'instruction militaire préparatoire pour obtenir une réduction d'un an sur le temps à passer sous les drapeaux.

Les arguments qui pouvaient être mis en avant, au point de vue de la nécessité du maintien du volontariat, pour la continuation des études cessent, grâce à ces dispositions, d'avoir une valeur réelle.

Modifications des principes admis pour les dispenses du service actif en temps de paix.

La loi de 1872 avait supprimé les exemptions pour toute autre cause que pour infirmités rendant impropre au service militaire, le projet de loi actuel maintient ces dispositions, mais il abolit le classement spéciale dans les services auxiliaires de l'armée des jeunes gens dispensés du service actif pour raison de santé ; cette disposition n'avait pas, du reste, reçu d'application.

Il n'y aura plus à l'avenir de dispenses de droit, comme l'admettait la loi de 1872 ; les cas de dispense visés par les paragraphes numérotés 1, 2 et 3 de l'art. 17 de ladite loi constitueront seulement des titres sur lesquels il sera statué tous les ans, suivant une procédure analogue à celle en usage pour les soutiens de famille ; et quant aux autres cas, il n'y aura pas lieu de les considérer comme formant une catégorie distincte des soutiens de famille; le ministre de la guerre fixera chaque année les dispenses qui pourront être accordées dans ces conditions.

Leur nombre total pour les différentes catégories sera d'environ 15 pour 100.

Les jeunes gens dispensés sont, comme ceux en sursis, appelés en cas de guerre et marchent avec les hommes de leur classe.

Ils sont astreints en temps de paix à des exercices mensuels.

Les dispenses qui étaient accordées à titre conditionnel, en vertu de l'article 20 de la loi de 1872, sont supprimées : les jeunes gens compris dans ces catégories pourront obtenir des sursis.

Création d'une taxe militaire.

Une disposition nouvelle, qui n'avait pas été encore inscrite dans les lois précédentes et qui est insérée dans le projet de loi, c'est l'établissement d'une taxe militaire, qui devra être payée par les jeunes gens en sursis, les dispensés, les ajournés et les exemptés, sauf ceux dont les infirmités entraînent l'incapacité absolue de travail.

Il n'y a là rien qui ressemble à une exonération à prix d'argent, toutes les causes pouvant empêcher de servir étant rigoureusement prévues par la loi.

Chacun doit, dans la mesure de ses forces et de ses moyens, contribuer à la défense du pays. Celui qui, par des causes quelconques, se trouve empêché de donner son concours personnel ne saurait considérer comme un abus de se voir imposer une taxe modique : c'est une question d'équité et de morale.

La quotité annuelle de la taxe est égale au montant en principal de la cote personnelle et mobilière de l'intéressé, augmentée du quotient obtenu en divisant la cote personnelle et mobilière, en principal, de ses ascendants du premier degré, par le nombre de leurs ascendants vivants, toute fois elle ne peut être inférieure à 12 francs.

Le jeune homme dispensé ou en sursis d'appel contre lequel des poursuites en recouvrement seront poussées jusqu'au commandement pour une somme équivalente aux trois douzièmes de ladite taxe, sera appelé à l'activité et immédiatement incorporé.

Un sixième du produit des taxes réellement perçues sera attribué aux communes, à charge par ces dernières de fournir des subsides aux familles des réservistes nécessiteux appelés à l'activité.

Organisation par canton d'exercices mensuels du dimanche pour les hommes dispensés ou en sursis et pour ceux renvoyés dans leurs foyers au bout de deux ans.

La loi de 1872, comme celle de 1855, avait astreint ces hommes à des exercices périodiques, mais des considérations budgétaires avaient toujours empêché l'exécution de cette prescription : la dépense devant s'élever à trois millions par an. Il en résulta dans les dépôts, lors de l'appel des réservistes, un encombrement d'hommes non exercés, qui était un véritable embarras, et l'inconvénient eût été beaucoup plus grand lors d'une mobilisation.

A l'avenir, ces hommes seront astreints à des exercices, qui auront lieu les dimanches et jours fériés dans chaque canton, au moyen d'instructeurs, qui y seront envoyés au besoin : la durée de ces exercices sera de douze jours au moins.

Pour éviter le retour des désordres qui se sont produits lorsque quelques-unes de ces réunions ont été ordonnées, les hommes seront soumis pendant la durée des exercices aux lois et règlements militaires.

Les manquants seront passibles de punitions disciplinaires et pourront, s'ils manquent trois exercices, être appelés à l'activité.

La dépense annuelle ne s'élèvera pas à plus de 500,000 fr., et l'instruction sera donnée ainsi à plus de 400,000 hommes.

Opérations du conseil de révision et remplacement du tirage au sort préalable par un tirage au sort effectué à la fin de la séance du conseil de révision dans chaque canton.

La composition des membres civils du conseil de révision reste la même que dans l'ancienne loi.

Le général cessera d'assister au conseil de révision : il était humilant pour lui de faire partie du conseil qui pouvait être présidé par un simple conseiller de préfecture : trois membres militaires feront partie du conseil : un officier supérieur, le commandant de recrutement, qui aura voix délibérative, et un capitaine.

Les autres dispositions sont les mêmes.

Il n'y a plus de tirage au sort préalable.

Les opérations du conseil de révision commencent par l'examen des tableaux de recensement, des réclamations et des exemptions.

Après que le conseil a statué, il arrête la liste du recrutement cantonal, sur laquelle sont portés, par ordre alphabétique, tous les jeunes gens déclarés propres au service militaire et qui ne sont ni liés au service ni ajournés et on procède au tirage au sort.

La liste de tirage est dressée à mesure que les numéros sont proclamés.

Ce tirage a été maintenu, bien que tous les jeunes gens reconnus propres au service dussent être incorporés, parce que, en cas d'insuffisance dans les effectifs des équipages de la flotte et des troupes coloniales, les jeunes gens ayant amené les premiers numéros au tirage au sort, sont comme par le passé, désignés pour remplir les vides qui peuvent exister d'abord dans l'armée de mer, ensuite dans les troupes coloniales.

Les jeunes gens inscrits sur les listes de recrutement cantonal sont portés sur un registre matricule tenu par le commandant de recrutement, qui y note tous les changements qui peuvent survenir dans la situation de l'homme jusqu'à sa libération définitive.

Tout homme inscrit sur le registre matricule reçoit un livret individuel.

Du service militaire.

La durée du service qui, dans la loi de 1872, comptait du 1er juillet de l'année de l'inscription sur les tableaux de recensement, compte maintenant du 1er novembre seulement, afin que la durée effective du service soit de trois ans. L'incorporation doit être faite avant le 30 novembre.

Une autre disposition essentielle consacre le principe de recrutement régional. Il n'y avait plus de raison d'écarter ce principe puisqu'il était admis pour les réserves dans l'intérêt d'une prompte mobilisation, et que les effectifs du temps de paix ne représentent que le tiers de l'effectif du temps de guerre.

Le contingent de chaque région est incorporé dans les corps de troupe, qui entrent dans la composition du corps d'armée correspondant, à l'exclusion des corps de troupe stationnés dans la subdivision de région.

Au 31 octobre, les militaires qui ont accompli le temps de service prescrit :

1° Soit dans l'armée active ;

2° Soit dans la réserve de l'armée active ;

3° Soit dans l'armée territoriale ;

4° Soit dans la réserve de l'armée territoriale.

Sont envoyés respectivement :

1° Dans la réserve de l'armée active ;

2° Dans l'armée territoriale ;

3° Dans la réserve de l'armée territoriale ;

4° Dans leurs foyers comme libérés à titre définitif.

Le ministre de la guerre est toutefois autorisé, dans le cas où les circonstances paraissent l'exiger, à conserver provisoirement sous les drapeaux la classe qui a terminé sa troisième année ; les Chambres doivent recevoir immédiatement notification de cette décision.

Dispositions en vue d'assurer l'équilibre du budget.

Les jeunes gens qui, après deux ans de présence sous les drapeaux, justifieront d'une instruction suffisante, pourront être envoyés en congé illimité, dans leurs foyers, dans une proportion fixée par le ministre de la guerre et par voie de tirage au sort.

Il peut être, en outre, accordé des congés, du 1er octobre au 31 mars, à une partie de la classe qui termine sa deuxième année de présence sous les drapeaux.

Exercices périodiques de la réserve et de l'armée territoriale.

Le projet maintient les fixations de la loi de 1872 pour les exercices des hommes de la réserve, soit deux périodes de quatre semaines chacune, et astreint les hommes de l'armée territoriale seulement à une période d'exercices, dont la durée n'excède pas deux semaines.

Engagements volontaires et rengagements.

Des engagements volontaires dont, la durée est de trois ans, peuvent être contractés dans l'armée de mer à l'âge de seize ans accomplis, et dans l'armée de terre à l'âge de dix-sept ans.

Ils ne peuvent être reçus que pour la marine, l'armée coloniale et la partie combattante de l'armée de terre : on a voulu empêcher ainsi que certains jeunes gens cherchent, en s'engageant dans les bureaux et les services administratifs, un moyen de se soustraire au service actif.

En principe, les engagements ne donnent droit à aucune prime.

Afin de constituer dans les régiments un centre autour duquel se peuvent grouper les anciens soldats, et pour transmettre l'esprit de corps et les traditions de discipline, le projet de loi autorise les caporaux et les soldats portés sur les listes d'aptitude à contracter des rengagements avec prime, qui seront renouvelables jusqu'à une durée de quinze années de service effectif.

Ces rengagements leur ouvriront des droits à une pension proportionnelle du grade dont ils seraient titulaires depuis deux ans.

La loi de 1872 admettait aussi les rengagements des caporaux et soldats ; mais la limite d'âge de vingt-neuf ans qui avait été assignée, excluait par le fait, cette catégorie de rengagés, puisqu'ils ne pouvaient arriver à la retraite.

Il est nécessaire de supprimer aussi pour les soldats l'obligation d'être portés sur les listes d'aptitude au grade de caporal, car celui qui sera porté sur les listes d'aptitude sera caporal avant l'expiration de son service, et, cependant, certains hommes d'une conduite et d'une moralité éprouvées peuvent, sans figurer sur ces listes, rendre des services ; on pourrait admettre pour eux la condition de soldats de première classe.

Le taux de la prime sera déterminé chaque année.

Rattachement des troupes de la Marine au département de la guerre et recrutement des troupes Coloniales.

L'expédition du Tonkin a prouvé que les troupes de la marine ne peuvent suffire à une guerre lointaine, ayant une certaine importance, et qu'il est nécessaire de les renforcer avec des troupes de l'armée de terre ou de désigner des troupes de l'armée de terre pour ces expéditions.

L'organisation de l'armée n'ayant été préparée qu'en vue d'une guerre sur le continent, il en résultait immédiatement une désorganisation de la mobilisation et l'on était forcé, pour l'éviter, de réunir en régiment de marche des bataillons isolés n'ayant aucune cohésion; c'est ce qui a décidé, avec la nécessité de l'unité de commandement, le rattachement des troupes de la marine au département de la guerre, sous le nom de troupes coloniales ; leur composition sera réglée par des dispositions contenues dans le Titre III.

Ces troupes se recruteront au moyen d'engagments et de rengagements avec prime et en cas d'insuffisance, comme cela à lieu pour l'armée de mer, parmi les jeunes gens ayant amené les premiers numéros au tirage au sort; mais les avantages accordés aux volontaires et aux rengagés pour obtenir des troupes coloniales solides font espérer qu'il ne sera pas nécessaire de faire appel à ce moyen de recrutement.

Dans l'intérêt du service certaines catégories de sous-officiers, caporaux et soldats peuvent être maintenues sous les drapeaux en qualité de commissionnés. Ils sont soumis aux lois et règlements militaires et peuvent obtenir une pension de retraite ou la pension proportionnelle après quinze années de service effectif.

Dispositions particulières

En cas de mobilisation en temps de guerre, nul ne peut se prévaloir de la fonction ou de l'emploi qu'il occupe pour se soustraire aux obligations de la classe à laquelle il appartient.

Le spectacle d'hommes jeunes se dérobant aux dangers d'une guerre par ce seul fait qu'ils occupent telle ou telle fonction, alors que les autres citoyens accomplissent intégralement les devoirs imposés par la loi, a toujours été profondément démoralisateur.

Les exceptions ont été limitées aux services qui ont pour but d'assurer en temps de guerre la perception de l'impôt et les services financiers d'une part, l'ordre public de l'autre et enfin le fonctionnement aussi complet que possible des moyens de communication.

Les différents services pourront être assurés par les hommes ayant complètement satisfait aux obligations de la loi du recrutement et les fonctionnaires en retraite.

Il serait bon d'inscrire, dans la loi sur les pensions civiles, cette obligation, comme elle a été inscrite dans la loi sur les pensions militaires pour une durée de cinq années.

Des dispositions spéciales ont été édictées pour les délits commis en matière de recrutement et pour les délits, non prévus par le Code de justice militaire, commis par les militaires de la réserve et de l'armée territoriale ou ceux en congé illimité.

Les dispositions du Titre Ier sont applicables en Algérie et dans les Colonies sous certaines réserves.

Les conditions spéciales de recrutement des corps étrangers et indigènes seront réglées par décret.

A l'avenir nul ne pourra être admis à exercer certains emplois publics s'il ne compte pas au moins cinq années de service actif dans les armées de terre ou de mer, dont deux, au moins, comme officier, sous-officier, caporal ou brigadior, ou s'il n'a été retraité ou réformé.

Un règlement d'administration publique déterminera les emplois ainsi réservés et les conditions d'admission.

Toutes les dispositions contraires au présent titre sont abrogées.

TITRE II

RENGAGEMENT DES SOUS OFFICIERS

La réduction de la durée du service actif entraîne l'obligation de constituer solidement les cadres inférieurs et de retenir sous les drapeaux le plus grand nombre possible de sous-officiers, ayant l'autorité de l'âge et de l'expérience.

Diverses lois ont été votées depuis 1872 pour faire aux sous-officiers rengagés une position qui les décide à rester sous les drapeaux ; mais les avantages qui leur avaient été faits n'étaient pas suffisants ; il était nécessaire d'employer des moyens plus efficaces. Le projet de loi actuel les leur accorde.

Ces avantages consistent dans des dispositions réglant l'état des sous-officiers rengagés ou commissionnés, dans une prime de rengagement et une gratification annuelle, une solde spéciale payable par mois, une haute paye, et, en outre, dans le droit à une pension de retraite et à des emplois civils ou militaires en rapport avec leurs aptitudes.

État des sous-officiers rengagés et avantages pécuniaires.

Les sous-officiers sont admis à contracter, dans l'année qui précède, ou dans les trois années qui suivent leur rentrée dans leurs foyers, des rengagements de deux, trois ou cinq ans, qui sont renouvelables jusqu'à une durée de quinze années de service effectif.

Ils peuvent ensuite être maintenus, en qualité de commissionnés, jusqu'à l'âge de 47 ans.

Des sous-officiers pouvaient hésiter à se lier indéfiniment ; ceux qui ont accompli huit ans de service au moins, peuvent, sur leur demande, être maintenus comme commissionnés dès l'expiration du premier engagement de cinq ans qui les lie au service ; ce qui permettra de les conserver jusqu'à ce qu'ils trouvent une position.

La faculté laissée aux sous-officiers de se rengager dans les trois années qui suivent leur renvoi dans leurs foyers a pour but de permettre aux sous-officiers, qui avaient cru pouvoir trouver une position dans la vie civile et qui se sont trouvés aux prises avec les nécessités de la vie, de revenir sur leur décision.

Les sous-officiers peuvent contracter leur rengagement pour le corps qu'ils servent ou ont servi, ou, sur leur demande, pour un autre corps de même arme dans lequel le nombre des engagés serait insuffisant.

Les autorisations ne peuvent dépasser dans chaque arme au service les deux tiers de l'effectif normal, et elles ne peuvent être refusées aux sous-officiers dans les limites du nombre fixé par le ministre qu'en cas d'avis défavorable du conseil de régiment.

Le commandant du corps d'armée statue et délivre au sous-officier pour le premier rengagement un titre formant brevet. Afin de garantir au sous-officier sa position ; la cassation ou la révocation du sous-officier rengagé, la révocation ou la mise à la retraite du sous-officier commissionné ne peuvent être prononcées que par le général commandant le corps d'armée, sur l'avis conforme du conseil de régiment, auquel sont adjoints, avec voix délibérative, deux sous-officiers.

Dans le cas de cassation ou de rétrogradation, le sous-officier perd ses droits à la gratification annuelle et à la haute paye, mais il peut de nouveau les recouvrer s'il est de nouveau nommé sous-officier.

Les sous-officiers qui contractent un engagement de deux, trois ou cinq ans ont droit à une prime de :

1,500 fr.	pour les rengagements		de 5 ans.
600 fr.	—	—	de 3 ans,
400 fr.	—	—	de 2 ans.

payables au moment du rengagement, et à une gratification annuelle de 182 fr. 50 payable à l'expiration de chaque année de rengagement.

Ils ont droit, en outre, à une haute paye également payable par mois, qui est de 9 francs, à partir du jour où leur premier engagement commence à courir, et de 15 francs après cinq années de rengagement.

Les rengagements au delà de cinq ans ne donnent droit qu'à une gratification annuelle.

D'après la législation actuellement en vigueur, le sous-officier qui se rengage ne touche qu'une partie de la prime de 600 francs et il touche le complément seulement à la libération, cette disposition avait été adoptée dans le but d'empêcher le rengagé de dépenser la totalité de la prime, dont l'intérêt lui était servi; mais elle présentait l'inconvénient de pousser le sous-officier à quitter le service dès l'expiration de son premier rengagement, et alors qu'il pouvait rendre les meilleurs services; c'est pour cette raison que la prime est payable au moment du rengagement; seulement, on remet à l'intéressé un titre de rente nominatif pour les trois quarts et le quart en argent.

Les sous-officiers mariés sont autorisés à loger en ville et reçoivent une indemnité de 15 francs payable par mois.

Des avantages plus importants sont prévus pour les rengagements dans les troupes coloniales.

La prime est portée à

2,000 fr.	pour les rengagements		de 5 ans.
750 fr.	—	—	de 3 ans.
500 fr.	—	—	de 2 ans.

La gratification annuelle est de 1,273 fr. 75, et la haute paye mensuelle de 12 francs à partir du jour du premier rengagement de cinq ans et 10 francs après cinq années de rengagement.

Pensions de retraite.

Les sous-officiers rengagés ou commissionnés quittant les drapeaux après 15 années de service effectif ont droit à une pension proportionnelle à la durée de leur service. Ceux qui quittent après 25 ans de service ont droit à une pension de retraite dont le minimum est fixé par le tarif :

Adjudant	1,000 fr.
Sergent-major.	900 fr.
Sergent.	800 fr.
Caporal.	700 fr.
Soldat.	600 fr.

Cette pension s'ajoute au traitement afférent à l'emploi civil ou militaire dont le titulaire peut être pourvu.

Emplois civils ou militaires.

Une des causes pour lesquelles il était très difficile de retenir les sous-officiers sous les drapeaux, à l'expiration de leur cinq années de service, c'est que le nombre des emplois civils qui pouvaient leur être attribués était tellement restreint que de rares privilégiés pouvaient seuls bénéficier des avantages promis par les lois du 24 juillet 1873 et du 23 juillet 1881, et que les sous-officiers, voyant leurs collègues rengagés s'éloigner du régiment sans avoir pu obtenir d'emploi, n'étaient nullement tentés de rester, ne sachant pas s'ils seraient plus heureux que les autres.

D'après le projet de loi, le sous-officier rengagé n'aura pas seulement l'espérance, mais la certitude d'obtenir un emploi civil ou militaire en rapport avec ses aptitudes. Ce droit est spécifié dans l'acte de rengagement. Le sous-officier qui, faute de vacance dans la catégorie pour laquelle il a été reconnu apte, n'aurait pas été nommé à un emploi civil, à l'expiration de sa quinzième année de service, pourra être pourvu, en attendant, d'un emploi surnuméraire rétribué, ou attendre au corps, en qualité de commissionné, jusqu'à la nomination à laquelle il a droit,

Afin d'augmenter le nombre des emplois dont pourront être pourvus les sous-officiers, aucune entreprise industrielle ou commerciale ne pourra obtenir de monopole ou de subvention de l'État, du département ou de la commune qu'à la condition de réserver aux sous-officiers un certain nombre d'emplois.

Les sous-officiers qui quittent après huit ans de service peuvent bénéficier des avantages ci-dessus, mais les emplois ne leur sont donnés qu'en cas d'insuffisance de sous-officiers ayant accompli quinze années de service.

Ces dispositions sont applicables à la gendarmerie et aux troupes coloniales.

Les sous-officiers des troupes coloniales peuvent en outre obtenir des concessions de terrains dans les colonies, suivant les ressources disponibles.

Le projet de loi abroge les dispositions contraires au présent titre, notamment la loi du 24 juillet 1873 et celle du 23 juillet 1881 sur les emplois civils réservés aux sous-officiers.

TITRE III

ORGANISATION DE L'ARMÉE ET CONSTITUTION DES CADRES

Les nombreuses lois qui sont venues successivement compléter et modifier les lois du 24 juillet 1873 sur l'organisation de l'armée et celle du 13 mars 1875 sur la constitution des cadres et remplir les lacunes existant dans les lois primitives nécessitaient une codification nouvelle. Toutes ces dispositions, ont été réunies en chapitres correspondant à des lois jusqu'à présent distinctes.

CHAPITRE Ier

Organisation générale de l'armée.

Ce chapitre ne contient qu'un petit nombre de dispositions nouvelles.

Le territoire de la France est divisé en 18 régions comprenant chacune 8 subdivisions de région.

Chaque région est occupée par un corps d'armée. Les départements de la Seine et Seine-et-Oise, d'une part, et le département du Rhône et ses annexes, d'autre part, ne sont pas compris dans les régions et subdivisions de région : les troupes qui les occupent, fournies par les autres corps d'armée, sont placées sous les ordres d'un gouverneur, dont le siège du commandement est à Paris et à Lyon.

L'Algérie, d'après le projet, doit être, par suite de l'occupation de la Tunisie, divisée en deux corps d'armée, de manière à faciliter l'action du commandement.

Chaque corps d'armée comprend :

Deux divisions d'infanterie, composées chacune de deux brigades d'infanterie de ligne.

Une brigade de deux régiments de cavalerie.

Une brigade d'artillerie.

Un bataillon du train.

Le ministre répartit sur le territoire les troupes de toutes armes non comprises dans le corps d'armée.

Il détermine, suivant les besoins du service, la composition des troupes sur le territoire de l'Algérie.

Toutes ces troupes sont pourvues de tout le personnel et de tout le matériel qui leur est nécessaire pour entrer en campagne.

Des corps de troupe ou fractions de corps peuvent être détachés d'un corps dans un autre.

Le commandant de corps d'armée a sous ses ordres :

Un état-major divisé en deux sections (active et territoriale).

Une direction de l'intendance.

Une direction de service de santé.

Les corps de troupe de l'armée active qui entrent dans la composition de la région se recrutent sur le territoire de la région et reçoivent, en cas de mobilisation, les militaires de la réserve domiciliés dans la région.

Les réservistes doivent se rendre au corps auquel ils sont affectés dès qu'ils reçoivent l'ordre du commandant de recrutement, ou dès que la mobilisation est connue par voie d'affiches ou de publications.

Le projet de loi fixe les règles relatives à l'administration et aux devoirs du commandant du corps d'armée et des généraux et chefs de service sous ses ordres.

CHAPITRE II

Organisation de l'armée territoriale.

L'organisation de l'armée territoriale reste la même qu'actuellement.

En cas de mobilisation, les unités de l'armée territoriale peuvent être affectées à la garnison des places fortes, des postes et lignes d'étapes, à la défense des côtes et des points stratégiques.

Elles peuvent aussi être formées en brigades, divisions et corps d'armée destinés à tenir campagne, et même à être détachées pour faire partie de l'armée active. Ces mesures en font une véritable armée de seconde ligne.

CHAPITRE III

De la composition des cadres de l'armée active.

Le projet de loi apporte à la loi des cadres du 13 mars 1875 des modifications qui ont pour but de réduire les dépenses au strict minimum, en faisant disparaître les emplois dont la conservation n'est pas indipensable, d'obtenir une répartition des grades conforme aux besoins du service, et, de pourvoir au service colonial ainsi qu'à celui des forteresses au moyen d'éléments spéciaux sans faire d'emprunts aux corps d'armée, de manière à ne pas nuire à la mobilisation.

HIÉRARCHIE

La hiérarchie actuelle est maintenue : le grade de lieutenant qui était divisé dans certains corps en deux sections, lieutenant de seconde classe et lieutenant de première classe, comprend, pour toutes les armes, deux grades distincts : lieutenant en second et lieutenant en premier.

Afin de donner plus d'importance au grade de capitaine, la

classification des grades d'officiers comprend quatre catégories : officiers subalternes, capitaines, officiers supérieurs et officiers généraux,

COMPOSITION DE L'ARMÉE ACTIVE

L'armée se compose :

1° Des corps de troupe de toutes armes.

2° Du personnel de l'état-major général et des services généraux de l'armée.

3° Des personnels des services particuliers.

4° De la gendarmerie.

CORPS DE TROUPE DE TOUTES ARMES.

Infanterie.

L'existence des bataillons de chasseurs à pied n'avait plus de raison d'être depuis que leur armement était devenu le même que celui de l'infanterie ; leur suppression a été décidée pour pouvoir créer, sans trop augmenter les dépenses du budget, un certain nombre de régiments non compris dans l'élément constitutif des corps d'armée, et pouvant être, suivant les besoins, portés, sans toucher à la mobilisation, sur tel point du territoire où leur présence est nécessaire, et en cas d'expéditions lointaines pour renforcer au besoin les troupes coloniales.

Ces régiments nouveaux prendront le nom de régiments de chasseurs à pied, et leur organisation sera la même que celle des autres régiments d'infanterie, dont la composition sera modifiée par la suppression des quatrièmes bataillons et d'une compagnie de dépôt.

Les adjudants-majors, déjà supprimés dans les autres armes par la loi de 1875, seront aussi supprimés dans l'infanterie.

Les régiments d'infanterie de marine, les tirailleurs annamites, tonkinois, sénégalais, etc., passent du département de la marine à celui de la guerre et forment l'infanterie coloniale.

Le nombre des régiments d'infanterie sera porté de 144 à 154 et celui des régiments de zouaves de 4 à 6.

Par suite de ces modifications, l'infanterie sera composée de 206 régiments, comprenant 628 bataillons, 2,524 compagnies actives et 206 compagnies de dépôt, au lieu de 154 régiments, 649 bataillons, 2,607 compagnies actives et 332 compagnies de dépôt.

Le nombre des régiments d'infanterie coloniale sera de 4 à 9 bataillons de 4 compagnies.

Cavalerie.

Afin de porter la cavalerie à un chiffre qui soit en rapport avec les proportions de l'infanterie, le projet propose la création de 48 escadrons.

La cavalerie se composera de 88 régiments, comprenant 440 escadrons, au lieu de 77 régiments comprenant 192 escadrons.

Les régiments se composeront uniformément de 5 escadrons, ils seront commandés moitié par des colonels, moitié par des lieutenants-colonels; ils ne comprendront plus que deux commandants, dont un remplissant les fonctions de major; un seul capitaine est conservé par escadron.

Ces différentes combinaisons permettent d'augmenter considérablement la cavalerie, et il y aura encore une économie importante sur l'ensemble de l'organisation des corps de troupe.

Les compagnies de remonte sont supprimées comme unités administratives, les cavaliers de remonte feront partie du personnel fixe des établissements de remonte, les soldats-ordonnances passent dans le train.

Artillerie et Génie.

Une organisation nouvelle est donnée à l'artillerie et au génie, de manière à définir nettement le rôle et la responsabilité de chaque arme : l'artillerie, devient exclusivement arme de campagne, et le génie, arme de forteresse.

A chacune des 19 brigades de campagne, sont adjointes deux compagnies de pionniers fournies par les régiments du génie actuel, et une compagnie de pontonniers fournie par les régiments de pontonniers, qui sont supprimés.

Le régiment d'artillerie de marine est fractionné de manière à former les troupes coloniales de l'artillerie et du génie.

Par suite de ces modifications, l'artillerie comprend :

19 régiments divisionnaires à 10 batteries montées ou de montagne, 2 compagnies de pionniers et 2 batteries de dépôt.

19 régiments de corps à 6 batteries montées, trois à cheval, une compagnie de pontonniers et deux batteries de dépôt, et l'artillerie coloniale.

Le génie comprend :

12 régiments du génie à 3 bataillons de 4 compagnies. Six de ces régiments ont en plus une compagnie de conducteurs. Sur les 12 compagnies de chaque régiment, 8 sont des compagnies de canonniers, et 4 des compagnies de sapeurs-mineurs.

Il y a en outre :

Un régiment de chemin de fer à 2 bataillons de 4 compagnies, et un régiment du génie colonial à 4 bataillons de 4 compagnies, plus une compagnie de conducteurs.

Train.

Les services accessoires, tels que les sections de secrétaires d'état-major et de recrutement, des ouvriers d'administration, des infirmiers, et les escadrons du train des équipages militaires absorbent pour leur organisation et leur administration, un personnel beaucoup trop nombreux qu'il importait de réduire ; le projet de loi propose de les remplacer par 20 bataillons du train dont 2 pour les gouvernements de Paris et de Lyon, et 4 pour l'Algérie.

PERSONNELS DIVERS

Etat-major général et service de l'état-major.

Le nombre des officiers généraux et leur organisation reste la même.

Corps du contrôle de l'administration de l'armée.

Ce corps reste constituée dans les mêmes conditions et ses attributions sont les mêmes.

Personnel de l'administration centrale de la Guerre.

Une des réformes du projet de loi consiste dans la militarisation du personnel de l'administration centrale.

Depuis quelques années il a été nécessaire d'employer, non seulement dans les buraux de l'état-major général, mais encore dans les autres bureaux un nombre assez considérable d'officiers, ce qui pouvait présenter des inconvénients en cas de mobilisation, les officiers devant chercher à quitter l'administration pour faire campagne.

Il sera possible d'en diminuer le nombre en établissant une liaison plus intime entre tous les éléments appelés à concourir à la direction des affaires de l'armée : ce résultat pourra être obtenu en constituant un personnel hiérarchiquement séparé, recruté à l'avenir parmi les secrétaires et commis des bataillons du train. Ce personnel pourra, en outre, se recruter parmi les capitaines de toutes les armes, les officiers comptables principaux des corps de troupe, les officiers d'administration et les archivistes principaux du service de l'état-major.

Service de l'intendance militaire.

Ce service est considérablement modifié quant à la composition du personnel des grades les plus élevés de la hiéarchie. Les intendants généraux inspecteurs étaient, avant la loi organisant le corps du contrôle de l'administration de l'armée, chargés d'exercer un contrôle sur l'inspection administrative annuelle des intendants, et de former auprès du ministre un comité permanent d'administration : la création des contrôleurs généraux, auxquels les mêmes attributions sont affectées rend ce grade inutile, les intendants militaires pouvant arriver au plus haut grade de la hiérarchie militaire en passant contrôleurs généraux de 1re classe, le grade d'intendant inspecteur est supprimé par le projet de loi qui réduit aussi le nombre des sous-intendants de 1re et de 2e classe, et augmente celui des sous-intendants de 3e classe.

Le projet de loi confère aux intendants la surveillance et l'ordonnancement du service de l'artillerie et du génie, ce qui établit une uniformité dans tous les services et une simplification dans la comptabilité publique; ils seront aussi chargés du service de casernement.

Le corps de l'intendance se recrute parmi les capitaines de toutes armes, les officiers comptables principaux des corps de troupe et les officiers d'administration pour le grade d'adjoint.

Le projet crée une section d'officiers d'administration du casernement, et fait passer au service de santé les officiers du service de santé des hôpitaux qui sont placés sous les ordres des médecins militaires.

Service de santé.

Le projet de loi supprime le corps spécial des pharmaciens militaires, dont les attributions sont dévolues aux médecins qui auront plus particulièrement dirigé leurs études vers les sciences physiques, chimiques et naturelles; ce corps n'avait pas, du reste, toute la considération dont doit jouir un corps d'officiers.

Service des ingénieurs militaires.

Le service des ingénieurs militaires créé en vertu du projet de loi, a, dans ses attributions, tout ce qui concerne l'approvisionnement de l'armée en bouches à feu, armes portatives, poudres et munitions de guerre, outils, matériel de ponts, voitures, équipages, fabrication et conservation de ce matériel, ainsi que construction et entretien des ouvrages de fortifications permanentes et des casernements qui en dépendent.

Le service est dirigé par un corps d'ingénieurs militaires qui a une hiérarchie propre, et qui correspond aux divers grades de la hiérarchie militaire.

Il se recrute parmi les élèves de l'École polytechnique ayant satisfait aux examens de sortie et subsidiairement parmi les capitaines, les commandants et les lieutenants-colonels de toutes armes.

Ils ont sous leurs ordres, pour les aider dans leurs fonctions, un personnel d'employés militaires, et le personnel permanent d'exploitation des établissements des poudres et salpêtres.

Cette création du corps des ingénieurs militaires a soulevé de nombreuses polémiques, elle est cependant, selon nous, une des plus belles pages de la loi préparée par le général Boulanger.

En effet, l'instruction, donnant accès aux carrières civiles, est partout en Europe séparée des études ouvrant aux jeunes gens la carrière militaire.

C'est en France seulement que se rencontrent sur les mêmes bancs, devant les mêmes professeurs, les futurs ingénieurs et les futurs officiers.

Cette fusion de deux instructions distinctes, de deux branches d'études disparates, est établie dans le programme de notre École polytechnique, telle qu'elle est organisée actuellement — à la fois école de cadets et école industrielle.

Ce nom même de Polytechnique ne présente pas à l'esprit des étrangers une idée militaire.

Un de nos officiers qui, en Allemagne par exemple, dirait qu'il sort de l'École Polytechnique, passerait pour un architecte, un mécanicien, un ingénieur, un chimiste, mais non pas pour un soldat.

Les *Polytechnicum* allemands ou suisses sont consacrés à l'enseignement de tous les arts civils, à l'exclusion de l'art militaire.

Les études commencent par le dessin architectural, géométrique et de perspective ; elles comprennent les mathématiques, la géométrie descriptive, la physique expérimentale et les éléments de l'architecture civile ; elles se terminent par le dessin des machines et de l'architecture proprement dite, la théorie des machines, la chimie pratique, le moulage, les notions les plus importantes de la science des ponts-et-chaussées.

Telle est le programme des trois écoles polytechniques de Munich, de Nuremberg et d'Augsbourg qui chacune ont leur spécialité : l'architecture à Munich, la ciselure et la métallurgie à Nuremberg, la fabrication et la teinture des étoffes à Augsbourg.

Nous voilà loin des études militaires.

Le Polytechnicum de Zurich, fondé, croyons-nous, en 1854, est le modèle le plus complet du genre. C'est le pendant perfectionné de l'école de Liège, qui a bien acquis sa renommée dans le monde savant et la soutient dignement.

L'enseignement professé en trois langues, l'allemand, le français et l'italien, y est divisé en trois branches.

L'étudiant, dès son entrée au Polytechnicum, jouit de la liberté, nommée en allemand *Lernfreiheit*, de choisir immédiatement les cours spéciaux qu'il lui convient de suivre pour la carrière à laquelle il se destine. Les études durent deux ou trois ans suivant les connaissances requises pour être ingénieur, architecte, chimiste ou mécanicien, professions qui correspondent aux trois divisions de l'École de Liège : Mines — Arts et Métiers — Mécanique.

Ce sont là des pépinières de savants, non des pépinières d'officiers.

En Angleterre, les écoles renommées de Harrow, de Rugby, d'Eton, ne préparent pas à l'armée. Les universités d'Oxford, de Cambridge, de Durham, ne forment pas à la science de la guerre.

En Italie, on ne va pas chercher les officiers à l'académie scientifique ou à l'institut technique de Milan, à l'école d'application de Naples, à l'école normale de Pise, ni à l'institut de Florence.

En Suède, chaque école spéciale a sa destination bien marquée : à l'école industrielle de Stockolm se perfectionnent les ouvriers. L'école d'Eskilstuna s'occupe surtout de métallurgie. A Malmoe, Orebroe, Boras et Norrkoeping, on donne les notions nécessaires aux professions industrielles. Ni à l'institut royal technologique de Stockolm fondé en 1798, ni à l'école Chalmers à Goeteborg, ni à Lund, ni à Falun, on ne prépare les hommes de guerre.

L'université de Christiania ne fournit pas d'emblée des capitaines à l'armée norvégienne, et M. de Moltke n'est pas devenu le stratégiste impeccable qu'il est, sur les bancs des écoles savantes du Danemarck, réorganisées d'après la loi du 1er avril 1871, ni à l'école polytechnique danoise où, après avoir subi l'examen philosophique général, les étudiants se préparent aux examens de la faculté des sciences, à l'examen d'économie nationale, à l'examen professionnel de médecine.

Chez toutes les nations voisines se sont fondées des écoles spécialement réservées aux études militaires ; partout nous trouvons des écoles de cadets où se forment les jeunes gens destinés à devenir officiers.

La Prusse, depuis 1817, a accordé beaucoup d'attention à son école de cadets.

Les établissements similaires se sont nécessairement multipliés dans l'Empire voué au militarisme.

Les principaux sont à Culm où l'on compte 180 élèves, tandis que Berlin en avait 800 dans ces dernières années ; à Postdam, 240 élèves ; à Wahlstatt, 240 élèves ; à Bensberg, 220 ; à Plon, 190 ; à Wiesbade, 140. En tout, environ 2,000 cadets.

Les élèves entrant dans les écoles de province sont reçus de dix à quinze ans ; à Berlin de quinze à dix-huit ans.

L'Autriche, toujours obligée par sa situation, de penser aux conflagrations éventuelles, avait au moins 60 écoles militaires au moment où elle était obligée d'entretenir des garnisons dans les provinces conquises *manu militari*.

Aujourd'hui, on peut citer surtout l'École des Ingénieurs

militaires de Vienne et l'Académie militaire de Neustadt. De la première, fondée en 1735 sont sortis les officiers les plus distingués du corps du génie.

Le cours des études est de sept ans. Nul ne sort de l'école sans être reconnu apte à entrer comme officier dans le corps du génie. Les moins instruits peuvent aspirer au grade d'officier dans les autres corps.

L'Académie de Neustadt a été fondée par l'impératrice Marie-Thérèse pour former des officiers d'infanterie. C'est à la fois un cours préparatoire et un cours normal. On y est admis à douze ans sur un certificat attestant que l'on a suivi avec succès des études primaires.

Au premier coup-d'œil il est facile de voir l'avantage de cette scission entre les études civiles et les études militaires, et immédiatement ressort l'infériorité de notre enseignement amalgamé de l'École polytechnique.

Nos voisins ont pensé que c'était une économie illusoire de temps et d'argent que d'établir des écoles à deux fins, des cours tendant à deux buts différents ; ils ont sagement compris que deux carrières distinctes nécessitent deux enseignements séparés.

En effet, dans une école comme la Polytechnique l'ingénieur doit être fatalement sacrifié à l'officier, ou l'officier à l'ingénieur. Au sortir de l'école notre lieutenant, en sachant assez pour entrer dans les mines, les tabacs, les ponts et chaussées, n'est pas assez expérimenté sur certains sujets, sur certaines branches d'études nécessaires au bon officier d'état-major. Trop d'x et pas assez de tactique, de stratégie, de connaissances spéciales.

De plus, tant qu'il est à l'école, le polytechnicien n'a pour ainsi dire pas de vocation arrêtée.

Il attend pour se décider, le rang qu'il obtiendra à la sortie. Tel a travaillé pour devenir ingénieur que le hasard du dernier moment envoie dans l'armée. Tel autre avait la vocation des armes, qui acceptera avec joie le numéro qui lui donne immédiatement une situation plus lucrative.

La meilleure preuve de la défectuosité de l'enseignement à Polytechnique, c'est que cette école n'est que l'antichambre des écoles d'application. Officiers et ingénieurs ont fait côte à côte des équations sans avoir acquis la moindre expérience pratique.

Les besoins militaires de Napoléon Ier, ont fait dévier l'école Polytechnique de son but primitif.

Lors de la fondation de cet établissement par la Convention, le 28 septembre 1794, son nom même, École des Travaux publics indiquait clairement sa destination. On ne songeait à former que des ingénieurs militaires et les élèves n'étaient pas casernés.

Le décret du 16 juillet 1804 introduisait dans la maison organisée par Fourcroy, Monge et Prony — des savants — les idées militaires de l'Empereur conquérant.

La raison en est peut-être dans ce que l'homme qui promena ses canons à travers l'univers ne trouvait pas dans les établissements militaires existants les éléments nécessaires pour transformer l'art de la guerre et ses hasards, en une véritable science mathématique.

Les écoles d'artillerie de Châlons, du génie à Metz qu'un décret du 12 vendémiaire an XI (4 octobre 1802) réunissait, étaient plutôt des établissements pratiques que des écoles théoriques.

L'école de la Flèche, fondée par Henri IV, était surtout réservée aux élèves entretenus par l'État.

L'école de Saint-Cyr rétablie par Bonaparte, consul, en 1802 et transportée par lui de Fontainebleau à Saint-Cyr, ne répondait pas complètement au desideratum de Napoléon.

L'école de Saumur, qui date de 1771, était exclusivement réservée à la cavalerie et remplaçait les quatre écoles de cavalerie projetées par le duc de Choiseul. Un décret de la Constituante venait d'ailleurs de la supprimer.

Depuis, la routine a conservé telle quelle, l'École Polytechnique modifiée pour les besoins d'un moment.

La Restauration voulut un moment lui enlever tout caractère

militaire. Mais force fut d'en revenir à l'ancien système, et, depuis 1830, l'école n'a cessé d'être rattachée au ministère de la guerre.

Tel est à notre avis, la *position* réelle, impartiale d'un système d'instruction menant à deux branches de carrières différentes.

L'article 181 du projet de loi organique militaire qui rend à la Polytechnique la destination que cette école avait dans l'esprit de ses fondateurs, répond donc aux exigences les plus pratiques, et les précédents la justifient.

Ce ne sera plus une pépinière d'officiers, mais une pépinière d'ingénieurs militaires, si utiles aux armées depuis les perfectionnements des armes et de la science des fortifications. Les polytechniciens formeront comme un corps spécial, instruit par des études spéciales. Ils seront chargés d'approvisionner l'armée de bouches à feu et de munitions, de fabriquer de surveiller et de conserver le matériel, de construire et d'entretenir les travaux de défense et les casernements.

Avec les transformations actuelles, les nouvelles matières explosives etc... leur besogne ne sera pas une sinécure.

Le projet nous semble avoir le grand avantage de ne rien supprimer de ce qui existe et de modifier simplement l'organisation d'une école, en tirant tout le parti possible des vastes connaissances que les étudiants sont à même d'acquérir avec les cours actuels.

Ce sont encore des officiers que fournira la Polytechnique, mais des officiers spéciaux, plus ingénieurs que soldats.

C'est là, croyons-nous, le moyen de répondre aux besoins de notre époque, comme le décret impérial de 1804 répondait aux nécessités du moment, sans prendre le temps d'apporter à l'école existante toutes les modifications désirables pour que les successeurs des Monge et des Fourcroy n'eussent rien à améliorer.

A la place d'un séminaire d'officiers du génie et d'artillerie, d'un couvent d'ingénieurs, nous aurons, si le projet du général

Boulanger est accepté, une véritable pépinière de savants militaires ou de militaires savants.

L'armée ne sera pas plus sacrifiée qu'elle ne l'est actuellement.

Au lieu de présenter le régiment comme un pis-aller à l'étudiant qui rêve peut-être, même par simple esprit d'émulation, les carrières civiles, généralement plus indépendantes, plus lucratives, on rend aux moins heureux tout l'amour de la carrière qu'ils embrassent en les assimilant à leurs concurrents plus favorisés du sort dans les dernières épreuves.

Tous ingénieurs ! Les uns dans les ponts et chaussées, les mines, les tabacs, les autres dans les services spéciaux des armées de terre et de mer.

Le nom même de notre Ecole polytechnique ne paraîtra plus alors comme un non sens à nos voisins. La suppression pure et simple de ce qui existe nous semblerait la négation du mieux ; de même les perfectionnements ne peuvent être obtenus qu'en apportant les modifications nécessaires aux créations du passé.

Service de la comptabilité des corps de troupes

Le service de plus en plus compliqué de l'habillement et les responsabilités qu'il entraîne rendent difficile le recrutement des officiers comptables de ce service ; de plus, les mutations de comptables sont préjudiciables aux intérêts du Trésor et des corps de troupes eux-mêmes ; en outre, l'officier qui est resté longtemps éloigné du service actif n'a plus, lorsqu'il est appelé, à reprendre le commandement, les connaissances et l'autorité nécessaires ; c'est pour ces raisons que le projet de loi propose d'instituer un personnel administratif spécial, chargé de la gestion intérieure des deniers et des matériels dans les corps de troupes, sous la surveillance d'un conseil d'administration dont la présidence est dévolue au lieutenant-colonel. Ce corps a une hiérarchie qui lui est propre et qui correspond aux grades de la hiérarchie militaire, depuis le grade de sous-lieutenant jusqu'à celui de capitaine.

Aumôniers militaires.

En temps de guerre, des ministres des différents cultes sont attachés aux armées sans aucune distinction hiérarchique.

Vétérinaires militaires.

Ce service n'a subi aucune modification. Il y a seulement quelques changements dans le cadre constitutif.

Interprètes militaires.

Ce corps n'a pas subi de modifications dans ses attributions ; il est apporté quelques changements dans le cadre constitutif.

Service du recrutement et de la mobilisation.

Les attributions de ce service restent les mêmes. Le personnel se compose d'officiers de toutes armes mis hors cadres. Il comprend un personnel administratif spécial à l'armée territoriale. Les commandants de recrutement peuvent, après leur admission à la retraite, être maintenus dans leurs fonctions jusqu'à 63 ans.

Le personnel des secrétaires d'un bureau devra toujours comprendre un adjudant, un sergent, un caporal et un soldat.

Service de la remonte.

Ce service n'a pas été modifié. Il comprend un certain nombre de circonscriptions, de dépôts, d'annexes et de dépôts d'étalons placés sous les ordres d'un personnel d'officiers et de vétérinaires mis hors cadres.

Service de l'aréostation militaire.

Ce service est organisé dès le temps de paix dans les conditions déterminées par un décret.

Service de la trésorerie.

Le service de la trésorerie n'est constitué qu'en cas de guerre, ou exceptionnellement pour les grandes manœuvres au moyen d'un personnel détaché du ministère des finances.

Service des postes.

Il en est de même du service des postes. Le personnel est emprunté à l'administration des postes.

Service de la télégraphie militaire.

Ce service comprend en cas de guerre :

1° Le service de la télégraphie de l'armée ;

2° Le service du territoire.

Les différentes unités du service de la télégraphie d'armée sont organisées en tout temps, mais ne sont mobilisées qu'en cas de guerre, ou pour concourir aux grandes manœuvres de corps d'armée.

Le service du territoire s'étend sur les régions déclarées en état de siège, ou comprises dans la zône des opérations de l'armée. Il est assuré au moyen des ressources ordinaires du ministère des postes et télégraphes.

Service militaire des chemins de fer.

Le service militaire des chemins de fer comprend en temps de guerre :

1° Le service en deçà de la base d'opération sur laquelle l'armée se réunit;

2° Le service au-delà de cette base.

Le service en deçà est assuré par les ressources ordinaires des compagnies requises à cet effet.

Le service au-delà est réglé par décret sur la proposition du ministre de la guerre.

Des sections techniques sont organisées en tout temps; le

personnel est recruté parmi les ingénieurs et employés des compagnies.

Service des étapes.

L'organisation et le fonctionnement de ce service est réglé par décret : le personnel se compose d'officiers en retraite à la disposition du ministre.

Écoles militaires.

1° Le Prytanée militaire ;
2° Les écoles militaires préparatoires ;
3° Les écoles normales militaires ;
4° Les écoles d'application de diverses armes ;
5° L'école polytechnique ;
6° L'école d'administration ;
7° L'école d'application de la médecine militaire,
8° Les écoles de tir, de gymnastique et d'équitation ;
9° L'école supérieure de guerre.

Le fonctionnement de ces diverses écoles est indiqué dans un autre chapitre.

Toutes ces écoles sont gratuites.

Justice militaire.

Le fonctionnement de ce service n'a pas été modifié.

Affaires indigènes.

Le fonctionnement de ce service est étendu aux colonies et aux protectorats.

Gendarmerie.

Ce service a été complété par la gendarmerie coloniale.

De l'armée sur le pied de guerre.

Le président de la République fixe les règles du passage du pied de paix au pied de guerre.

Les divers emplois dont la mobilisation de l'armée rend la création nécessaire ont en tout temps leurs titulaires désignés.

Les hommes appartenant à des services régulièrement organisés en temps de paix peuvent, en temps de guerre, être formés en corps spéciaux destinés à agir, soit avec l'armée active, soit avec l'armée territoriale.

Ils sont soumis à toutes les obligations du service militaire et jouissent de tous les droits des belligérants, et sont assujettis aux règles du droit des gens.

Les chapitres IV et V reproduisent les dispositions en vigueur relativement aux cadres de la réserve et de l'armée territoriale.

Toutes ces dispositions établissent, d'une manière complète, le fonctionnement des différents corps et services qui assurent l'organisation de l'armée, elles présentent en faveur du système proposé une économie de plus de dix millions, c'est un point important à faire ressortir d'une façon spéciale, alors surtout que le cabinet dont faisait partie le général Boulanger est tombé sur une question de budget.

TITRE IV

CHAPITRE PREMIER

Avancement.

Conditions et dispositions générales.

Ce Chapitre maintient les dispositions de l'ancienne loi et spécifie que si, après une guerre, le nombre des grades et emplois déterminés au Titre III, se trouve dépassé, il ne sera fait qu'une promotion sur deux vacances, jusqu'à ce que les cadres soient ramenés aux chiffres fixés par la loi.

L'avancement dans l'armée est encore aujourd'hui, sauf quelques exceptions, réglé par la loi du 14 avril 1832.

Ces exceptions consistent dans le passage des candidats au grade d'officier par une école dite des sous-officiers, à la suite d'un concours entre les sujets proposés par le chef de corps et maintenus par l'inspecteur général; de plus, les officiers proposés pour l'avancement au choix ne sont présentés par le général inspecteur que s'ils ont obtenu, après un examen passé devant une commission présidée par le général inspecteur, un certificat d'aptitude.

L'avancement a lieu dans toutes les armes, sur toute l'arme, et les officiers sont portés au tableau d'avancement par les commissions de classement. Ces modifications prouvent que, depuis la dernière guerre, on s'est préoccupé de relever le niveau de l'instruction des officiers, et de ne donner de l'avancement au choix, qu'à ceux qui le justifient, non seulement par leurs services, mais encore par leurs connaissances professionnelles et leurs aptitudes militaires.

Mais le dernier mot n'était pas dit et on sentait qu'il y avait encore une différence très grande entre les officiers sortant de l'école des sous-officiers et ceux de l'École de Saint-Cyr; le niveau des études n'étant pas le même, il en résultait que les officiers provenant de l'École de Saint-Cyr étaient de préférence proposés pour le choix.

Devait-on laisser subsister cet état de choses? Élever le niveau des études des sous-officiers ou limiter au grade de capitaine l'avancement à l'ancienneté ; le dualisme n'en existait pas moins.

Le général Boulanger a pensé que l'on devait prendre une mesure radicale, et le principe fondamental de son projet, en ce qui concerne les officiers, consiste dans la communauté d'origine ; elle serait obtenue en obligeant tous les aspirants officiers à passer par le régiment où ils feraient une année entière de service, dans les mêmes conditions que tous les autres soldats appelés.

Pendant cette année, ils subiraient concurremment avec les sous-officiers un examen pour leur admission dans une école normale. L'examen comprendrait une partie pratique dont la cote serait assez élevée pour permettre de compenser par la valeur militaire les différences d'instruction générale.

Les épreuves scientifiques et littéraires seraient réduites au strict nécessaire pour que l'on puisse admettre, chaque année, des proportions sensiblement équivalentes de sous-officiers et d'engagés volontaires aspirants officiers, et pour que les candidats admissibles puissent acquérir les connaissances indispensables aux capitaines de toutes armes.

Indépendamment de ces écoles normales, il y aura d'autres écoles d'armes, dites d'application, où seront admis, par voie de concours, les officiers les plus instruits, qui pourront acquérir un jour le grade de commandant; ils viendront y compléter leur instruction militaire.

Enfin, les officiers les mieux doués auront la faculté, après être passés par l'école spéciale de l'arme, de concourir pour une école unique, dite École supérieure de guerre, et, à leur sortie, il leur sera délivré, non plus un brevet d'état-major, mais un certificat de hautes études militaires.

C'est parmi ces officiers que seront choisis ceux qui sont appelés à arriver au sommet de la hiérarchie militaire.

Il n'en résultera pas moins deux classes d'officiers, mais tous pouvant arriver par la voie du concours, leur émulation n'en sera pas moins excitée.

Dans ce système, l'École polytechnique est supprimée comme source de recrutement, pour les officiers de l'artillerie et du génie.

Les connaissances scientifiques acquises à cette école ne sont point nécessaires pour le service de l'artillerie ni du génie, ni pour la plupart des travaux que comportent l'attaque et la défense des places; mais ces connaissances sont indispensables pour la construction du matériel de guerre et des ouvrages.

Ces travaux seront réservés à un corps d'ingénieurs militaires se recrutant parmi les élèves de l'École polytechnique, et dans lequel seront fondus les ingénieurs actuels des poudres et salpêtres.

Ainsi se trouvent assurées la communauté d'origine par le passage à l'École normale ; et la valeur du corps des officiers par la sélection que produiront, pour les grades supérieurs, les épreuves à l'entrée et à la sortie des écoles d'application. Nous avons du reste étudié cette question des ingénieurs militaires dans un précédent paragraphe développé qui porte ce titre. (*Pages* **114** *à* **122**.)

CHAPITRE II

De l'avancement en temps de paix.

De l'avancement des hommes de troupes

Le temps de service nécessaire pour être nommé caporal ou brigadier est maintenu, en principe, à six mois ; mais une disposition est introduite, pour encourager les jeunes gens à acquérir une certaine instruction militaire avant leur arrivée au régiment.

Ce temps de service peut être réduit à trois mois pour les engagés volontaires sortant des écoles militaires préparatoires, ainsi que pour les jeunes gens engagés ou appelés munis du certificat d'instruction militaire préparatoire.

Le temps de service nécessaire pour passer du grade de caporal ou de brigadier à celui de sous-officier est réduit à quatre mois et les caporaux ou brigadiers, sortant des écoles militaires préparatoires, peuvent être nommés sous-officiers après trois mois de grade seulement.

La loi consacre l'usage adopté depuis un certain nombre d'années de ne nommer au grade de caporal ou brigadier et aux emplois de sous-officier que les sujets ayant subi les épreuves déterminées par un règlement du ministre de la guerre.

Du recrutement des officiers.

Les différents articles réunis sous ce titre consacrent le principe de la communauté d'origine pour tous les officiers, qui ne seront nommés sous-lieutenants qu'après avoir suivi, avec succès, pendant un an, les cours d'une école normale militaire, comme aspirants officiers, et avoir été admis comme officiers, à la suite d'un stage de six mois dans un corps de troupe, sur l'avis favorable d'une commission.

L'admission aux écoles normales militaires a lieu, à la suite d'un concours auquel peuvent prendre part les sous-officiers âgés de moins de trente ans et les caporaux, brigadiers ou soldats munis du certificat d'aptitude.

De l'avancement des officiers.

Le temps pour passer d'un grade à un autre est le même que dans l'ancienne loi, sauf pour le passage du grade de capitaine à celui de commandant. Le temps de service exigible est porté de quatre à six années pour sauvegarder les droits de l'ancienneté et empêcher des choix prématurés.

La promotion au grade de lieutenant en second sera de droit acquise aux officiers ayant deux années de grade de sous-lieutenant.

L'avancement au grade de lieutenant en premier aura lieu, un quart au choix, et trois quarts à l'ancienneté après deux années passées dans le grade de lieutenant en second, sans qu'il soit exigé de nouvelles preuves d'aptitude; mais, en raison de l'importance du grade de capitaine, nul ne pourra être nommé à ce grade, même à l'ancienneté, s'il n'a subi, avec succès, les épreuves d'aptitude théorique et pratique, déterminées par décret.

Un tiers des vacances du grade de capitaine est donné au choix et les deux autres tiers à l'ancienneté.

L'avancement aux divers grades d'officiers généraux a lieu exclusivement au choix.

Nul ne pourra être promu au grade de commandant, s'il n'a suivi, avec succès, les cours de l'école d'application de son arme, ou ceux de l'école supérieure de guerre.

Les capitaines devront aussi subir des épreuves théoriques et pratiques pour passer commandant.

Nul n'est admis à se présenter plus de trois fois. Les capitaines comptant trente années de service et les lieutenants en premier comptant vingt-cinq années, peuvent être admis à la retraite d'office s'ils ne sont pas pourvus du certificat d'aptitude au grade supérieur.

Les officiers qui ont subi les épreuves avec succès, reçoivent un certificat d'aptitude, et ne sont plus obligés de subir de nouvelles épreuves.

Afin d'empêcher les officiers prétendant à l'avancement de s'immobiliser dans les services hors cadres et d'y perdre l'habitude du commandement, les capitaines ne pourront être promus commandants, s'ils n'ont exercé, pendant deux ans, au moins, le commandement effectif d'une compagnie, d'un escadron ou d'une batterie.

Nul colonel ne pourra être promu général de brigade, s'il n'a commandé un régiment pendent deux ans, au moins, sans interruption, et nul général de brigade ne pourra être promu général de division, s'il n'a commandé une brigade pendant un an, au moins, sans interruption.

L'avancement à tous les grades d'officier a lieu par arme, jusqu'au grade de colonel inclusivement.

Les officiers des troupes coloniales rouleront avec les officiers de leur arme pour l'avancement; toutefois les vacances ouvertes aux colonies profiteront exclusivement aux officiers des troupes coloniales.

Le projet de loi règle la composition des Commissions de classement et de la Commission supérieure de classement.

Nul ne peut être promu au choix, s'il n'est inscrit, ou sur le tableau d'avancement ou sur les listes de proposition établies par les Commissions.

Jusqu'au grade de lieutenant-colonel, inclusivement, les nominations sont faites dans l'ordre d'inscription au tableau.

La date à laquelle sont admis d'office à la pension de retraite les officiers qui ont atteint la limite d'âge, est déterminée maintenant par la loi. Cette date est la même que celle fixée antérieurement par les instructions ministérielles.

Les règles d'avancement ci-dessus sont applicables aux fonctionnaires de l'intendance, aux ingénieurs militaires, aux médecins et vétérinaires et aux comptables des corps de troupe.

Un règlement d'administration publique déterminera le mode d'application aux autres parties du personnel militaire.

Afin d'éviter qu'un officier ne puisse porter, pendant toute sa carrière et sans même s'en douter, le poids d'une note défavorable, un résumé annuel des notes est remis à chaque officier par l'inspecteur général.

CHAPITRE III

De l'avancement en temps de guerre.

En temps de guerre, tout militaire est susceptible d'être promu au grade supérieur au choix, sans condition d'examen, pour action d'éclat dûment justifiée et mise à l'ordre de l'armée, ou lorsque, à défaut de candidats remplissant les conditions voulues, il est impossible de pourvoir aux vacances par l'envoi d'officiers de l'intérieur.

CHAPITRE IV

De l'avancement des officiers de réserve.

L'avancement des officiers de réserve a lieu exclusivement au choix par arme et par corps d'armée, dans les conditions déterminées au Titre III, sur les listes de proposition établies par le Commandant du corps d'armée et sur lesquelles sont inscrits, par ordre d'ancienneté, les officiers reconnus aptes au grade supérieur.

Les officiers de réserve ne peuvent être nommés aux différents grades d'officiers supérieurs, s'ils n'ont servi dans l'armée active avec le grade précédent.

Ces dispositions cessent d'être obligatoires en temps de guerre.

En temps de guerre les officiers, les sous-officiers, caporaux ou brigadiers et soldats de la réserve peuvent obtenir de l'avancement au choix dans les mêmes conditions que les officiers de l'armée active : ils concourent ensemble dans les conditions prévues par le présent titre, mais les emplois conférés dans ces conditions n'ouvrent aucun droit à faire définitivement partie du cadre actif, lors du retour au pied de paix, à moins de services rendus dans des conditions exceptionnelles.

CHAPITRE V

De l'avancement dans l'armée territoriale.

L'avancement dans l'armée territoriale a lieu dans les mêmes conditions que dans la réserve, en temps de paix comme en temps de guerre; toutefois les officiers qui ont servi dans l'armée active avec le grade de capitaine, peuvent seuls être nommés aux différents grades d'officiers supérieurs dans l'armée territoriale.

En temps de guerre les officiers de l'armée territoriale, après avoir atteint l'âge de quarante ans peuvent, sur leur demande, être réintégrés dans les cadres avec leur grade.

CHAPITRE VI

Dispositions transitoires.

Le projet propose, pour la mise en vigueur du présent titre, des dates qui ne pourront être fixées définitivement que par le vote de la loi, suivant l'époque à laquelle il aura lieu.

Il abroge la loi du 14 avril 1832 sur l'avancement, la loi du 5 janvier 1872 sur l'avancement aux grades de capitaine, de lieutenant et de sous-lieutenant dans l'infanterie et la cavalerie et d'une manière générale, toutes les dispositions relatives à l'avancement dans l'armée, contraires aux présents titres.

Telles sont présentées dans leur ensemble, aussi succinctement que possible, de manière cependant à pouvoir en faire saisir l'esprit, les principales dispositions du projet de loi organique militaire, qui porte, dans le public, le nom de projet Boulanger, et qui restera par les dispositions essentielles qu'il apporte à l'organisation actuelle, un véritable monument marquant le passage au ministère du général Boulanger.

---

26 mai. — Plusieurs décrets modifient certains articles du service de santé touchant les dépenses de la masse d'infirmerie, la délivrance des certificats pour congés de convalescence, le port du brassard international par les ordonnances des officiers du corps de santé.

26 mai. — Décision réglant les conditions de cession et de rétrocession des chevaux de l'État.

Note ministérielle très claire et très complète, (elle a cinquante pages), relative aux nouveaux modèles d'états mensuels des mutations des officiers de l'armée active et de réserve.

27 mai. — Instructions sur la comptabilité auxiliaire du matériel mis à la disposition des corps de troupe de l'artillerie et du train des équipages militaires par les établissements et les parcs d'artillerie.

31 mai. — Inscription du divorce des militaires sur les livrets, les registres matricules et les états de services.

Création d'un dépôt de remonte permanent en Tunisie.

2 juin. — Prescription d'exercices pratiques de service en campagne dans le voisinage de toutes les garnisons comprenant des troupes d'armes différentes, par des détachements composés autant que possible de troupes de toutes armes à effectifs se rapprochant le plus des effectifs de guerre.

On remarquera que cette mesure a une importance capitale, destinée qu'elle est à familiariser les officiers avec la tactique des armes autres que la leur, et à établir entre les troupes une cohésion parfaite.

9 juin. — Suppression du mousqueton dans les corps d'artillerie en campagne et dans les compagnies d'ouvriers artilleurs ou artificiers.

12 juin. — Institution, d'une commission permanente de remonte composée d'un officier supérieur, du capitaine instructeur et du vétérinaire chef du service, dans tous les corps de troupe à cheval.

19 juin. — Décision imposant deux années révolues de grade, aux sous-officiers d'infanterie, proposés pour subir les examens d'admission à l'Ecole militaire. L'Ecole, en conséquence, ne se recrutera pas en trop grande quantité parmi des jeunes gens n'ayant pas eu le temps d'acquérir au corps l'expérience et l'instruction nécessaires.

La commission régimentaire devra, en outre, leur avoir délivré un certificat d'aptitude.

22 juin. — Instructions complémentaires de la précédente disposition.

20 juin. — Conditions réglant les appels de réserve.

Etablissement d'un prix d'adresse pour les capitaines suivant les cours de l'Ecole normale de tir.

Suppression de la faculté accordée aux officiers d'infanterie appelés à suivre les cours de l'école des travaux en campagne, d'emmener leurs chevaux et leurs ordonnances.

Retrait de la licence accordée aux officiers et sous-officiers de cavalerie de participer aux épreuves de concours organisés par les sociétés hippiques à Paris et en province.

22 juin. — Fixation des emplacements de la brigade d'occupation de Tunisie.

Réduction à un an du stage d'état-major des officiers brévetés ; réduction, à deux mois chacune, des deux périodes d'instruction qu'ils doivent faire dans des armes autres que la leur.

Versement au magasin du corps et emploi à ses besoins, de tous les effets de petit équipement non emportés en campagne au moment de la mobilisation.

24 juin.— Décret sur le cérémonial et les honneurs dans les résidences des pays placés sous le protectorat de la France.

25 juin. — Instructions relatives aux auxiliaires du service télégraphique, réunion en un texte unique de toutes les différentes prescriptions de ce service.

26 juin. — Décret créant pour les chefs de musique la position de « suspension temporaire d'emploi. »

28 juin. — Nomenclature-relevé des pièces qui peuvent être échangées entre le ministre de la guerre et les chefs de service.

29 juin. — Une note ministérielle très importante et témoignant de la sollicitude du ministre pour le bien être du soldat, vient apporter des modifications essentielles dans l'alimentation des troupes.

Ordre de se conformer, pour les repas variés, aux indications suivantes :

La circulaire du 31 octobre 1879 et les différentes prescriptions du décret du 28 décembre 1883 sur l'alimentation, servent de base pour la composition des repas variés, ainsi que les études publiées par plusieurs de nos médecins militaires.

Le médecin-major est adjoint à la commission des ordinaires, chargée de la gestion supérieure du régime alimentaire des compagnies et des cantines sous la direction du chef de corps, en laissant aux capitaines toute l'initiative utile.

La soupe grasse du matin reste obligatoire, mais la soupe grasse du soir est remplacée par un repas varié.

La commission des ordinaires doit présenter à l'approbation du chef de corps le menu des repas du soir pour la semaine, la quinzaine ou le mois.

Un cuisinier de profession devra remplir les fonctions de cuisinier chef, tout en exerçant l'emploi de cuisinier d'une compagnie ; il pourra être maintenu en permanence dans ces fonctions et sera chargé de former les cuisiniers de compagnies.

Les cuisines, les chambres, les corridors seront éclairés pendant l'hiver, pour que le repas du soir ne soit pas fixé avant cinq heures.

On évitera tout travail de corvée pendant les heures de repas, sauf en cas de nécessité absolue du service.

On devra rechercher une boisson hygiénique pour la troupe.

Des manettes en bois seront établies pour transporter proprement, à l'aide de un ou deux hommes, les gamelles de l'escouade, de la cuisine à la chambre.

On devra se servir de la gamelle individuelle au repas du soir pour les mets faciles à partager.

On pourra acheter au compte des ordinaires, plats, saladiers, assiettes, verres, bouteilles, cruches, salières, récipients pour le transport du café de la cuisine à la chambre.

Les ordinaires supporteront aussi les menus frais nécessaires au complément de l'installation des tables et des bancs, afin que chaque homme aît sa place à table; on devra faire usage des appareils de cuisine mis à la disposition des corps; les rôtis, s'ils ne peuvent être faits à la cuisine, devront l'être à la boulangerie.

L'organisation des tables des sous-officiers est une question aussi intéressante que celle de la nourriture de la troupe. La commission des ordinaires doit étudier l'une avec autant de soins que l'autre; les adjudants-majors sont adjoints à cette commission.

Le taux des versements doit être assez élevé pour assurer aux sous-officiers une alimentation convenable et une tenue propre du mobilier.

Indépendamment de ces décisions, le ministre, désireux de perfectionner encore les améliorations réalisées, a pris successivement et ultérieurement des décisions complémentaires toutes aussi importantes.

Au cours du premier semestre de 1886, des crédits ont été ouverts par décrets pour l'élargissement d'une porte à Toul; la construction d'écoles d'enfants de troupe à Billon, Montreuil, Autun, la réorganisation des défenses de Calais, la réorganisation des casernements à Rouen, Narbonne, Lorient, la construction d'un polygone à Perpignan, d'une caserne d'artillerie à Stenay, d'une caserne à Remiremont, d'un champ de tir à Béthune, d'un parc à fourrages à Tarascon, d'un champ de manœuvre à Dijon, l'aménagement d'un champ de manœuvre à Gray, l'organisation d'un champ de tir à Senlis, la location d'un champ de manœuvres à Amiens, la construction d'un quartier de cavalerie à Sainte-Menehould, les travaux de déviation de la route nationale nº 82 à Saint-Etienne, la location d'un magasin d'habillement à Nantes, l'entretien d'un chemin vicinal longeant le parc de Vernon.

3 juillet. — Décision déterminant le tarif des primes de travail à accorder aux ouvriers militaires des divers services, indiquant les catégories de militaires auxquels ne s'applique pas le tarif. Les travaux non rétribués et les travaux par catégorie comportent l'allocation de la prime.

4 juillet. — Décision présidentielle attribuant de nouvelles indemnités pour frais de service à la brigade formant les troupes d'occupation de la Tunisie.

Le ministre obtient un crédit de 221,530 francs pour la construction d'un casernement d'infanterie à Lunéville, l'extension d'un casernement à Orléans et la construction d'un casernement à Saïda.

5 juillet, — Rations de fourrages pour le cheval du lieutenant-colonel des régiments d'infanterie territoriale pendant l'intervalle de deux séries d'unités convoquées, que l'officier soit présent ou non au régiment.

Instruction pour l'admission à l'École supérieure de guerre en 1887.

Notes ministérielles modifiant l'inspection générale du service de santé et des services administratifs.

Autorisation d'achat du dictionnaire des connaissances générales utiles à la gendarmerie, sur les fonds de la masse d'entretien et de remonte de la gendarmerie.

Prescription portant que le résultat de la visite mensuelle des approvionnements sera consigné sur registre visé par tous les membres de la commission.

7 juillet. — Suppression du fouet de la bride, sur la proposition de la commission technique de cavalerie.

11 juillet. — Règlement en 35 articles sur l'organisation des troupes affectées au service des chemins de fer.

Note ministérielle déterminant le droit de punition des officiers d'administration et sous-officiers du service de la justice militaire à l'égard de leur personnel.

12 juillet. — Décret présidentiel sur l'organisation des cercles et bibliothèques militaires.

Décret sur la retenue à opérer sur la solde des officiers pour cercles et bibliothèques.

Le premier de ces décrets forme l'article 116 *bis* du règlement sur le service dans les places de guerre et les villes de garnison, (23 octobre 1883; le second décret est inséré à l'article 413 *bis* du règlement du 8 juin 1883.)

13 juillet. — Décision portant que le mobilier des salles d'honneur, à l'exception des objets se rattachant à l'histoire des corps de troupes et des objets achetés par cotisation, resteront dans ces salles et ne suivront pas les corps de troupes dans leurs déplacements.

16 juillet. — Inauguration solennelle du Cercle national des armées de terre et de mer, à Paris, sous la présidence du général Boulanger et du ministre de la marine.

19 juillet. — Publication de la description des uniformes du per-

sonnel militaire et des élèves des écoles militaires préparatoires. (Dolman vareuse, collet, manteau, etc.)

Décision admettant la morue de bonne qualité à l'exception de celle dite rouge, dans l'alimentation du soldat. (Cette résolution présentait de nombreux avantages puisqu'elle permettait de varier un peu l'ordinaire des troupes et favorisait la grande pêche dont le personnel est une pépinière de sujets d'élite pour notre marine militaire.)

Autorisation aux commandants de corps d'armée de signer les prolongations de congé à titre de soutien de famille, quelle qu'en soit la durée. (C'était une simplification de la correspondance.)

Construction et installation d'une école d'enfants de troupes aux Andelys. (Un crédit de 250 mille francs était ouvert à cet effet.

Règles à suivre pour l'obtention de prolongation de permission ou de congé. Ces autorisations doivent, suivant la durée totale de la permission, être apostillées par le général commandant la subdivision, la division ou le corps d'armée.

Les officiers sans troupes passant dans un corps de troupes sont autorisés à amener leur ordonnance avec eux.

Est attribué au général de division, directeur des manœuvres de cavalerie un fanion de serge en forme de pavillon, écarlate et blanc; les couleurs sont assemblées en diagonale, le blanc en dessous.

21 juillet. — Est fixée à 7,974 francs l'indemnité pour frais de service attribuée au général de division commandant les troupes de cavalerie en Algérie.

Instruction pour le règlement des dommages causés aux propriétés privées par les manœuvres annuelles des corps de troupes; fixation de l'époque à laquelle les réclamations doivent être adressées, sous peine de déchéance.

22 juillet. — Réglementation des rapports de service et de commandement pour les bataillons détachés de France en Algérie. Ces bataillons sont placés sous l'autorité des généraux commandant le territoire sur lequel ils sont stationnés.

23 juillet. — Modification à l'organisation du 14e corps d'armée. (Transfert du quartier général de la 28e division de Lyon à Chambéry et de celui de Chambéry à Annecy. La 54e brigade devient la 55e).

24 juillet. — Autorisations pour les officiers de toutes armes de

porter pour les exercices et l'instruction des gants en peau, façon castor, nuance chamois foncé, ainsi que des gants dits en peau de chien, nuance rouge brun.

Decrêt autorisant les officiers de tous grades et assimilés, en retraite ou en réforme pour infirmités, à porter l'uniforme du corps ou du service dont ils faisaient partie, quand ils ont cessé d'être en activité, avec modification du numéro au collet et au képy, remplacé par une étoile brodée, et avec suppression du schako, des aiguillettes et de la ceinture.

27 juillet. — Décret modifiant l'article 314 du Réglement du 28 décembre 1883, augmentant le nombre des punitions à infliger dans les corps d'infanterie légère en Afrique, mais réglementant toutes les punitions de façon à empêcher les châtiments arbitraires et les peines contraires à l'humanité et à l'équité.

28 juillet. — Nouveau tarif alimentaire des hôpitaux militaires dans les villes d'eaux minérales.

29 juillet. — Promulgation de la loi donnant droit à la dispense et renvoyant dans ses foyers dès qu'il aura justifié de ses cas de dispense tout appelé ou engagé qui n'aurait pu justifier de ses droits de dispense avant son incorporation.

30 juillet. — Autorisation pour les officiers montés, en route, en manœuvres, en campagne, de porter en dehors du service, avec la culotte, la jambière en drap simulant le bas du pantalon.

Modification au règlement sur l'administration et la comptabilité des Écoles militaires. (Ces modifications portent sur le service de santé, le traitement et la surveillance des malades à l'infirmerie-hôpital de l'École spéciale militaire.)

5 août. — Les dépenses résultant de l'entretien et de l'emploi de la presse autographique dans les dépôts de remonte seront supportées par la masse d'entretien du harnachement et du ferrage. Ces dépenses ne pourront dépasser 60 francs, papier non compris.

6 août. — Est attribué comme insigne distinctif aux officiers du service des chemins de fer et des étapes un ruban en faille blanche placé sur le pourtour du képi.

7 août. — Dispositions abrogeant le paragraphe 13 de l'article 295 du décret du 28 décembre 1883 et donnant en matière de punitions au commandant d'une circonscription de remonte les droit d'un chef de corps, et à l'officier supérieur commandant un dépôt

les droits de l'officier supérieur commandant un détachement.

Les épreuves écrites et orales sur les connaissances administratives et professionnelles sont imposées à tous les candidats à l'avancement, sous peine d'être considérés comme ayant renoncé à l'avancement au choix pour l'année courante. (Les candidats déjà inscrits au tableau ne sont pas compris dans le nombre des présentations à fixer par le ministre.)

9 août. — Circulaire pour l'envoi en congé, à la rentrée des manœuvres, des militaires libérables au 30 juin, et pour l'envoi en disponibilité des militaires de la 2e portion de la classe 1884.

10 août. — Décret fixant à cinq ans le délai pour les demandes de pension ou de revision de pension pour blessures ou infirmités à la suite de ces blessures.

Projet de décret spécifiant que les sentinelles ne porteront plus le sac pendant la faction à moins que le ministre de la guerre n'en ordonne autrement. (Les hommes de garde se rendent toujours au poste avec le sac chargé règlementairement.) Cette mesure fut accueillie avec joie par l'armée. Il est inutile en effet d'augmenter la charge du factionnaire qui pendant les différents exercices, les marches et les manœuvres s'habitue suffisamment à porter le chargement de campagne.

11 août. — Décision portant que l'hymne militaire, communément appelée *Marseillaise*, sera jouée d'une façon uniforme par toutes les musiques militaires; que l'arrangement reconnu le meilleur sera édité et envoyé à tous les chefs de musique.

Le ministre prescrit en même temps un arrangement uniforme pour la sonnerie : « Au drapeau ».

Création d'une commission pour l'examen du deuxième degré de la navigation aérienne.

12 août. — Autorisation de propositions pour la croix d'officier de la Légion d'Honneur aux officiers en retraite employés dans les parquets des conseils de guerre.

Dispositions pour éviter les encombrements qui peuvent se produire dans les chemins de fer par suite de l'affluence des militaires partant en permission les dimanches et jours fériés.

13 août. — Circulaire relative à la classe 1885 et prescription faisant bénéficier les ordinaires du prix qui pourrait être retiré de la

vente des boîtes de conserve. (Mise en adjudication de ces boîtes dans chaque corps.)

15 août. — Autorisation du port facultatif par les officiers d'une vareuse en drap de troupe, bleu foncé; sur les manches, les insignes distinctifs des grades en galons d'or dits en traits côtelés et placés en chevrons. (Cette autorisation avait pour but de diminuer les frais auxquels se trouve entraîné l'officier par la nouvelle tenue.) Cette vareuse est adoptée pour les officiers de santé avec galons placés circulairement et attribut médical brodé sur le collet.

16 août. — Instruction sur le fonctionnement du réseau du télégraphe optique en temps de paix.

Envoi en disponibilité des hommes ayant justifié des cas de dispense conformément à la loi du 29 juillet.

17 août. — Création d'un 4e régiment de spahis en Tunisie, au moyen des escadrons tunisiens provenant des compagnies mixtes et des ressources du recrutement.

Décision ministérielle portant que les détachements de recrues, de réservistes, de territoriaux qui auront à se rendre d'une ville dans une autre pour y rejoindre leurs corps ou faire leur période d'instruction, seront conduits, musique en tête, depuis le lieu de réunion jusqu'à la gare d'embarquement et de la gare de destination à la caserne indiquée. Les hommes libérés seront reconduits à la gare d'où ils partiront pour rentrer dans leurs foyers.

Le général Forgemol est maintenu sans limite d'âge dans la première section du cadre de l'état-major général, comme ayant commandé en chef le corps expéditionnaire en Tunisie.

Décrêt ouvrant au ministère de la guerre un crédit de 333,300 francs pour construction du chemin d'accès de Pointe-Couronne à Arc, construction d'une école d'enfants de troupes aux Andelys, à Sainte-Hippolyte et à Montreuil, construction d'une nouvelle caserne à Saint-Lô.

18 août. — L'instruction à pied, à cheval et d'artillerie sera donnée par batterie dans tous les corps d'artillerie aux hommes de recrue de la classe 1885.

Décision portant que le chauffage d'hiver sera alloué aux adjudants et sous-officiers mariés ou rengagés pendant les permissions de deux et quatre jours qui pourront leur être accordées.

24 août. — Appendice à la décision du 16 mai 1886 déterminant les marques distinctives des sous-officiers rengagés.

27 août. — Le collet de la tunique des élèves de l'Ecole polytechnique est modifié de façon à pouvoir y fixer un col blanc comme au dolman des officiers. Le col noir est supprimé.

Instruction relative au service des secours, abrogeant toutes les dispositions antérieures et définissant les situations auxquelles est accordée l'assistance du ministère de la guerre.

29 août. — Note ministérielle relative aux engagés conditionnels qui seront envoyés dans leurs foyers au mois de novembre 1886.

Instruction sur les manœuvres de 1886. De grandes modifications sont apportées dans la manière dont les ordres doivent être donnés. La concentration terminée, les ordres généraux sont donnés la veille pour la manœuvre du lendemain, sous pli cacheté, par les généraux commandant les corps d'armée pour les brigades opérant l'une contre l'autre et par le ministre pour les divisions ou les corps d'armée. On se trouvait ainsi dans des conditions se rapprochant autant que possible de la réalité. Plus de programmes détaillés susceptibles de se trouver inapplicables au dernier moment; rien que de simples indications générales, laissant une grande part à l'initiative de chacun.

Circulaire recommandant toutes les précautions hygiéniques nécessaires à l'arrivée des réservistes : casernements, propreté, alimentation, entraînement progressif.

Nouvelle circulaire pour éviter de trop grandes fatigues aux réservistes : les manœuvres devaient commencer de grand matin et être terminées avant la plus forte chaleur.

Félicitations aux généraux commandant les manœuvres.

Essai de vélocipédistes ; aménagement de vélocipèdes pour le transport des appareils de topographie et de télégraphie optique.

9 septembre. — Décision portant que les officiers du service d'état-major, par suite de l'adoption du képi régide, auront en grande tenue un plumet retombant sur la visière du képi. Plumet blanc pour la maison militaire du Président et pour l'état-major particulier du ministre de la guerre. Blanc et rouge pour l'état-major général du ministre de la guerre et les états-majors des commandants d'armée. Tricolore pour les états-majors des commandants de corps d'armée. Rouge pour les états-majors des généraux de division ; bleu pour ceux des généraux de brigade.

Note relative aux primes de travail des secrétaires d'état-major.

11 septembre. — Autorisation aux élèves des écoles d'enfants de troupe de choisir le corps dans lequel ils désirent entrer, sans avoir besoin du consentement du chef de ce corps.

Instruction pour le recensement des chevaux, mulets et mules à opérer en 1887 d'après la loi du 3 juillet 1887.

13 septembre. — Décision réglant les confections que les ouvriers militaires sont autorisés à exécuter en dehors de leur service courant ; interdiction d'avoir une clientèle civile et de soumissionner pour les mises en adjudication des fournitures.

La disposition relative au col des officiers devient applicable aux officiers et adjudants de gendarmerie et à tous les employés militaires.

17 septembre. — Est rapportée la décision portant que les effets civils des hommes à leur arrivée au corps devront être emmagasinés pour leur être rendus à leur départ, lorsque les effets militaires leur sont retirés.

22 septembre. — Décision présidentielle fixant les allocations attribuées aux militaires du 4e régiment de spahis formé en Tunisie.

25 septembre. — Peuvent être nommés dans la réserve ou l'armée territoriale, les officiers du corps de santé militaire démissionnaires avant d'avoir accompli l'engagement de servir pendant dix ans dans l'armée active.

27 septembre. — Suppression de la situation mensuelle de l'effectif des corps de troupes destinée à la première direction.

Note relative aux conditions exigées pour se présenter aux examens du corps du contrôle.

29 septembre. — La faculté de porter une vareuse en drap de troupe est étendue aux fonctionnaires de l'intendance militaire, aux adjudants et élèves d'administration. Pour l'intendance, drap bleu foncé.

Programme de l'instruction à donner aux troupes de l'artillerie et du train de l'armée territoriale pendant les périodes de convocation.

30 septembre. — Cahier des charges pour l'adjudication du service des lits militaires en France, en Algérie, en Tunisie et règlement pour l'exécution de ce service à partir du 1er avril 1887.

Autorisation d'acquérir pour les salles d'honneur les deux

bustes de Viala et Bara, commandés pour le Prytanée militaire.

Autorisation d'acquérir, au moyen de fonds dont peuvent disposer à cet effet les corps de troupe, des médailles militaires dont les coins sont conservés à la monnaie.

4 octobre. — Circulaire au sujet de la préférence à donner aux produits français dans les fournitures du département de la guerre, l'exclusion des produits étrangers ne pouvant être prononcée d'une manière absolue.

Décision portant qu'un certain nombre de pièces d'armes hors modèle seront prélevées sur les ressources disponibles dans les magasins d'artillerie pour être mises à la disposition des salles d'honneur.

9 octobre. — Simplification des écritures à la suite d'embarquement et de débarquement en chemin de fer.

10 octobre. — Prescription portant que le service de l'artillerie est chargé seul de la destruction sur place des projectiles n'ayant pas éclaté dans le tir.

Les corps ou les services qui ont des fractions détachées à la division d'occupation du Tonkin, doivent rayer de leurs contrôles, à la date du 31 décembre 1886, les animaux et le matériel de la remonte, ainsi que les effets de harnachement de la cavalerie. Cession est faite au service du protectorat de ces animaux et de ce matériel.

11 octobre. — Il est prescrit que la compagnie de pionniers envoyée au Tonkin recevra les soldats indisciplinés provenant de toutes les armes qui se trouvent dans ce pays, sauf des régiments étrangers.

12 octobre. — Dispositions à l'égard des engagés conditionnels, étudiants en médecine ou en pharmacie, qui devront être admis à remplir soit dans leur corps, soit dans un hôpital militaire ou militarisé, les fonctions dévolues aux médecins et pharmaciens auxiliaires.

13 octobre. — Le harnachement des chevaux des officiers montés est fixé pour toutes les armes et les différents services.

Le képi du modèle actuel, rendu rigide comme celui de l'infanterie et orné des attributs particuliers à l'armée, devient d'ordonnance pour les officiers, adjudants et employés militaires de l'artillerie, pour les officiers-adjoints, adjudants du génie et de l'état-major particulier, pour les officiers et adjudants du train des équipages militaires, pour les officiers et adjudants employés dans les Ecoles militaires, et pour les officiers du recrutement.

14 octobre. — Lettre aux généraux commandant les corps d'armée sur les devoirs des sentinelles.

18 octobre. — Autorisation pour les engagés conditionnels du 10e appel, 1881-82, de prendre part aux examens pour le grade de sous-lieutenant.

21 octobre. — Autorisation aux corps de troupes à cheval de pratiquer l'inoculation dans les cas douteux de morve. Le prix ne devra pas dépasser 20 francs.

22 octobre. — Décision abrogeant celle du 19 février et fixant le nombre des soldats de 1re classe au dixième de l'effectif.

23 octobre. — Note indiquant les précautions à prendre pour l'ouverture des boîtes de conserves.

28 octobre. — Programmes des connaissances requises chez les engagés conditionnels de première et de deuxième année à l'expiration de leur temps de service.

Projet de décret maintenant pour les sous-officiers rengagés l'indemnité de résidence dans Paris et l'indemnité en rassemblement à Fontainebleau.

29 octobre. — Rapport proposant la réorganisation de l'École supérieure de guerre. Tout en assurant le bon fonctionnement de cet établissement, une économie annuelle de 26,825 francs est réalisée par la suppression du médecin principal de 1re classe, des professeurs de géodésie et de topographie, remplacés par des conférenciers, du conférencier civil de Droit des gens et de Droit international, d'un capitaine écuyer. Sont créés quatre conférenciers pour les sciences appliquées à l'art militaire, des chaires d'anglais et d'italien, un emploi de dessinateur photographe. Le chargé du cours de russe est élevé au rang de professeur.

Le cadre du petit état-major est augmenté.

Modifications à plusieurs articles du service de santé.

30 octobre. — Mesures pour doter les salles d'honneur de gravures et d'aquarelles d'après la collection originale des aquarelles militaires du Dépôt de la guerre.

Dispositions concernant les sous-officiers du Tonkin et de l'Annam proposés pour le grade de sous-lieutenant. Ancienneté de grade, certificat d'études militaires, épreuves écrites.

Adoption d'un nouveau mode de paquetage pour la cavalerie, afin d'éviter les blessures sur le rein.

Allocation de divers crédits pour la location du magasin d'habillement et campement à Toulouse, pour de nouvelles percées du front ouest de la Rochelle, pour des travaux à effectuer au dépôt de remonte de La Capelle, pour l'extension, la réorganisation, la construction de casernements à Saint-Lô, Rennes, Rouen, Rumilly et Narbonne.

Circulaire fixant les prix de remboursement des denrées en matières du service des subsistances perçues en trop où à titre onéreux du 1er juillet au 31 décembre 1886.

1er novembre. — Décision accordant aux Sociétés colombophiles des récompenses consistant en objets d'art, médailles, dons de pigeons provenant des colombiers militaires.

Instructions sur les concours militaires des pigeons voyageurs.

4 novembre. — Réorganisation de l'École militaire de l'artillerie et du génie.

Instruction réglant les conditions d'admission à cette école.

8 novembre. — Note ministérielle admettant au concours pour l'École militaire d'infanterie les sous-officiers des sections de secrétaires d'état-major et de recrutement.

10 novembre. La qualité de Français est exigée de tout soumissionnaire aux adjudications de denrées et objets nécessaires aux ordinaires de la troupe. Préférence est donnée aux produits français dans les adjudications comme dans les marchés de gré à gré.

Répartition entre tous les corps des cartouches à blanc non consumées dans les grandes manœuvres ou économisées par les corps. Ces cartouches devront être utilisées pour donner plus d'intérêt aux exercices exécutés dans le voisinage des places de garnison par des détachements de troupes de toute arme.

17 novembre. — Décret réglementant le fonctionnement de l'Association des Dames de France.

18 novembre. — Décret modifiant l'organisation de l'École normale de tir du camp de Châlons. Les attributions de cette École sont les suivantes :

Établir les modèles des armes et des munitions destinées à l'infanterie; vérifier mensuellement les produits de la fabrication courante des ateliers de chargement des cartouches; expérimenter les armes et les modifications à ces armes; proposer les perfectionnements; examiner les propositions faites à la section technique; déterminer les règles à suivre dans l'exécution des feux; proposer des modifications à ces règles; perfectionner les méthodes d'instruction du tir; expérimenter les armes étrangères; proposer les mesures nécessaires pour tenir les écoles régionales de tir et les corps de troupes au courant des progrès réalisés à l'étranger; fabriquer les armes destinées à être distribuées comme prix dans les concours de l'École normale et des Écoles régionales de tir. En raison de ces attributions, l'École normale de tir comprend des ateliers de fabrication, une commission d'expériences, une école d'enseignement pour les capitaines.

(Ces dispositions affranchissent l'infanterie de la tutelle de l'artillerie.)

Programme des connaissances exigées chez les engagés conditionnels d'un an de la cavalerie à l'expiration de leur année de service. Programme des connaissances qu'ils doivent posséder à la fin de la deuxième année pour obtenir un brevet de sous-lieutenant.

Avis des cas de morve et de typhus qui se produisent dans les écuries des corps de troupe doit être immédiatement donné à l'autorité civile, afin d'empêcher l'extension de l'épizootie.

20 novembre. — Modifications au cahier des charges pour l'adjudication des lits militaires. Le service est divisé en neuf arrondissements de fournitures correspondant à un ou plusieurs corps d'armée; le même adjudicataire peut soumissionner pour plusieurs arrondissements.

28 novembre. — Modifications aux dispositions du décret du 2 août 1877 sur les réquisitions militaires.

Les képis réglementaires seuls peuvent être portés dans le service ou en dehors du service. Sont absolument interdites les coiffures dont la largeur du turban ou les dimensions sont exagérées.

Décret ouvrant un crédit de 50,000 francs pour les travaux d'installation d'une École d'enfants de troupes à Autun.

26 novembre. — Décret portant création d'un Bulletin officiel du ministère de la guerre pour continuer et remplacer le Journal militaire officiel. Cette publication est mise en adjudication conformément au décret du 18 novembre 1882.

29 novembre. — Instruction pour l'admission à l'École militaire en 1887.

30 novembre. — Décision ministérielle fixant à 12 francs l'indemnité journalière fixe allouée aux officiers de remonte en tournée d'achat ou d'exploration.

2 décembre. — Instruction ministérielle fixant les règles d'exécution du décret du 7 mars 1885, portant création de la masse de petit équipement; abrogation des décisions antérieures sur ce sujet et ses détails.

4 décembre. — Règlement provisoire sur l'organisation du commandement des places fortes. L'officier général inspecteur de la défense de l'un de ces groupes de places fortes, créées en vertu de l'article 9 du décret du 23 octobre 1883, joint à cette dénomination le titre de commandant supérieur de la défense; il est le gouverneur désigné de la place du groupe indiqué au tableau joint au règlement, il y réside et auprès de lui un état-major. Ses attributions sont définies par les règlements. Des gouverneurs sont désignés pour les places secondaires. Il sont sous les ordres directs du commandant supérieur de la défense; à Paris et à Lyon un général de diméral de division gouverneur de la place pour le temps de guerre, prend le titre de commandant de la place de Paris ou de Lyon et de commandant supérieur de la défense.

5 décembre. — Décision ministérielle déterminant les insignes des officiers dans un service d'état-major. Aiguillettes en tenue du jour et en grande tenue; brassard fixé à la manche gauche, en campagne, en route, pendant les marches militaires et les grandes manœuvres; aiguillettes et brassard pour les revues, visites de corps et toutes les cérémonies officielles; en tous temps, sur le devant de la pèlerine, un insigne distinctif spécial formé de galons en soie moirée de la couleur des brassards, qui eux-mêmes sont faits de bandes de soie aux couleurs du plumet suivant l'état-major. Les aiguillettes sont maintenues pour la gendarmerie, mais supprimées pour le personnel des Écoles militaires.

6 décembre. — Décret modifiant l'article 78 du règlement du 28 décembre 1873 sur le service intérieur des troupes d'infanterie, et spécifiant que quand le régiment réuni fournit un détachement de quatre compagnies au moins, le médecin le plus élevé en grade après le médecin major de 1re classe est affecté à ce détachement.

14 décembre. Organisation de l'Orphelinat Hériot, destiné à recevoir les orphelins des sous-officiers et soldats de l'armée de terre. Les bâtiments aménagés et meublés de cet établissement, situé à La Boissière, avaient été remis le 4 novembre par le commandant Hériot au ministre de la guerre, qui en prit possession au nom du pays et de l'armée reconnaissante.

L'Orphelinat Hériot est classé parmi les écoles militaires préparatoires. Le nombre minimum des élèves à y recevoir est fixé à 160. Les admissions sont prononcées par le ministre. Dix places sont réservées au choix du fondateur. Le commandement de l'orphelinat est exercé par un capitaine. Le service médical est assuré par un médecin militaire en service ou en retraite. Les enfants reçoivent l'instruction primaire nécessaire en vue de leur entrée à l'âge de treize ans dans une école militaire préparatoire.

16 décembre. — Promulgation d'une loi déterminant la proportion des nominations à faire annuellement dans la Légion d'honneur parmi les militaires de l'armée territoriale (personnel non soldé). Ces croix et médailles militaires ne sont accordées que pour des services militaires et dans des conditions déterminées par le Décret organique sur la Légion d'honneur du 16 mars 1852. Elles ne donnent droit à aucun traitement.

20 décembre. — Création dans chaque régiment de cavalerie d'une commission placée sous la direction du chef du corps et présidée par le lieutenant-colonel, et chargée d'étudier les questions se rapportant à la tactique, envoyées chaque année par le ministre.

21 décembre. — Décret déterminant les assimilations de grades à donner aux anciens élèves de l'Ecole Polytechnique, qui peuvent être employés en cas de mobilisation.

25 décembre. — Décision portant que le clou Lapude sera adopté pour la ferrure à glace des bêtes de somme dans toute l'armée.

Note ministérielle imposant aux officiers du service de santé, de réserve et de l'armée territoriale, l'obligation d'être en possession d'une tenue militaire. (Ceux qui ne peuvent prendre à leur charge la dépense d'une tenue militaire pourront recevoir gratuitement des effets neufs de sous-officiers; en cas de refus, ils seront mis en demeure de donner leur démission; ceux qui en cas d'appel se présenteraient en bourgeois après avoir été mis à même de se préparer une tenue au moyen d'effets de sous-officiers, c'est à dire en payant les attributs, seront traduits devant un conseil d'enquête).

27 décembre. — Décret créant un corps d'interprètes de réserve et indiquant les conditions dans lesquelles ils sont choisis.

Circulaire prescrivant les dispositions relatives aux engagements volontaires, les corps pour lesquels les engagements sont ouverts et le chiffre maximum des engagements à recevoir pour chaque corps.

ANNÉE 1887

Substitution du Bulletin officiel du ministère de la guerre au Journal militaire officiel.

1er janvier. — Décision indiquant les insignes et marques distinctives du personnel du service des vivres viande aux armées.

6 janvier. — Décision fixant les attributs particuliers à donner aux troupes alpines. Soutache de laine verte de 5 millimètres posée parallèlement sur le dessus de la manche et à deux millimètres de la piqûre supérieure du parement.

7 janvier. — Renvoi au 20 janvier de l'adjudication du service des lits militaires, et modification du service du cahier des charges.

Publication du programme des cours préparatoires des écoles régimentaires d'artillerie et du train des équipages.

14. janvier. — Solutions données à diverses questions de détail. Retenue sur la solde des officiers pour cercles et bibliothèques militaires. Variété dans les approvisionnements de légumes secs.

17 janvier. — Instruction relative aux écoles normales et régionales de tir.

Modifications des folios du personnel des officiers comprenant maintenant dans sa première partie tout ce qui est relatif aux services, campagnes, blessures, actions d'éclat, citations, décorations ; en outre, inscriptions des lettres et témoignages de satisfaction, missions et positions diverses ainsi que des promotions.

La deuxième partie comprendra comme l'ancien folio les notes particulières et successives.

Arrêté ministériel donnant des instructions sur la manière de porter sur les folios matricules et personnels, l'état civil, les services, campagnes, blessures, etc.

24 janvier. — Décret par lequel les gouverneurs militaires et les généraux commandant les corps d'armée auront seuls droit au logement dans les bâtiments de l'État. Désaffectation de tous autres logements d'officiers, exceptés ceux dont on ne saurait faire un autre usage.

Rétablissement du port des épaulettes pour l'infanterie, supprimé par décision du 6 février 1885. Appliqué aux troupes du génie.

31 janvier. — Le ministre, considérant les avantages réalisables dans l'armée, en utilisant, dans le groupe des sapeurs, leur talent et leur intelligence professionnelle incomplètement employées jusqu'ici, décide que les douze sapeurs comprendront :

3 menuisiers, ébénistes, charrons,

2 charpentiers, couvreurs,

3 maçons, plâtriers,

2 serruriers, zingueurs,

2 vitriers, peintres, lampistes.

Le caporal sapeur désignant ces ouvriers.

Ce personnel sera chargé des champs de tir, stands, escrime, gymnase, travaux de campagne, réparation des voitures, éclairage des corridors, salles d'armes, salles de lecture, amélioration des mobiliers et aménagement des salles d'honneur, des cercles, des mess et des bibliothèques, entretiens du casernement.

Plus tard, dispositions réglementaires pour l'établissement d'une masse d'entretien du casernement et de sa gestion par les corps.

5 février. — Organisation définitive du Cercle national des armées de terre et de mer, relevant du ministre de la guerre et administré sous la direction d'un conseil d'administration.

Acceptation des dons et legs comme pour les Invalides, Écoles et corps de troupe.

Lors de la discussion du budget de 1887, le ministre obtient en faveur du Cercle une allocation de 140,000 francs, votée à une très grande majorité.

Règlement sur le recrutement et fonctionnement du corps des interprètes de réserve, créé par décret du 27 décembre 1886.

7 février. — Modifications sur l'organisation de l'École normale de gymnastique.

Interdiction par le ministre aux femmes des gendarmes de tenir aucun commerce dans la circonscription de la brigade de leur mari, pour éviter toutes réclamations des commerçants et maintenir l'indépendance des gendarmes.

Circulaire décrivant le képi de première tenue pour l'intendance, élèves d'administration et officiers de santé. Ce képi portant cocarde et pompon.

9 février. — Les manœuvres de garnison peuvent être rendues intéressantes et plus instructives en variant les terrains sur lesquels on les exécute, le ministre décide que, sans aucune allocation ni dépenses spéciales, et selon les circonstances, elles pourront durer deux à trois jours. Entente préalable avec les municipalités.

Ces manœuvres doivent être surtout des exercices de marche et de service en campagne. Exercices de combat quand le terrain s'y prêtera.

Maintien du galon de chevron en laine pour les caporaux et brigadiers-fourriers rengagés.

Décret décidant le passage de la cinquième direction (intendance) à la septième (service de santé), pour donner aux médecins plus d'autorité sur le personnel officiers d'administration des hôpitaux et infirmiers.

11 février. — Décision donnant une nouvelle description de la selle de cavalerie.

Publication des tarifs et devis d'harnachement de l'artillerie et des équipages militaires.

12 février. — Loi classant l'Orphelinat Hériot parmi les Écoles militaires préparatoires.

Le ministre dans sa sollicitude pour le soldat avait soumis le 30 janvier, à l'approbation du Président de la République, une décision qui modifie la perception du pain et la régularisation de cette fourniture dans les vivres, autorisant :

1° Les corps de troupe à percevoir aux distributions en temps de paix un plus ou moins grand nombre de rations que ne comporte l'effectif présent;

2° A rendre annuelle au lieu de trimestrielle la régularisation des perceptions de pain ;

3° Et le rappel, versé à l'ordinaire, de la moitié de la valeur des moins perçus, constatés par la balance établie fin d'année.

Cette décision a été accueillie avec faveur.

14 février. — Note déterminant l'équipement des infirmiers régimentaires des troupes à pied.

23 février. — Autorisation aux officiers de prendre part aux concours hippiques en bourgeois et avec leurs chevaux sans que leur qualité d'officier figure au programme ni au compte rendu officiel.

4 mars. — Décret modifiant le service en campagne pour les punitions à infliger aux sous-officiers, caporaux, brigadiers et soldats.

Décret déterminant la formation de la classe 1886.

Décision modifiant le mode d'exécution des missions des contrôleurs de l'administration de l'armée, selon les observations formulées à la Chambre.

Autorisations d'achat du livre : *Une Famille de soldats, Les Fririons* 1768-1886, pour les bibliothèques.

Circulaire relative aux cantonnements et aux marches qui doivent être exécutées dans les Alpes en 1887, par deux bataillons des 30e, 96e, 97e, 111e, 140e, régiments d'infanterie, un bataillon des 3e, 58e, 75e, et 141e régiments, et les bataillons de forteresse des 22e, 96e, 99e et 140e régiments d'infanterie.

9 mars. — Autorisation du port de la vareuse en cuir laine, bleu national, pour les employés et adjudants d'artillerie et du train.

L'indemnité, pour frais de bureau, du major de la garnison de Marseille est porté de 21 francs à 33 francs par mois, à cause de sa correspondance exceptionnelle pour les passagers.

12 mars. — Règlement du port du brodequin et de la chaussure, dite de repos, souliers et guêtres.

Obligation, pour les officiers de toutes armes dans le service d'état-major, en route ou en campagne, de se munir d'un porte-cartes modèle ministériel.

Règlement sur le service de l'habillement dans les corps de troupe.

14 mars. — Décision présidentielle réglant les indemnités pour frais de service à divers fonctionnaires de l'intendance employés, soit dans les régions de corps d'armée à l'intérieur, soit dans une division en Algérie ou en Tunisie.

15 mars. — Les militaires libérés ne pourront être dirigés que

sur leur domicile, afin d'éviter que par manque d'ouvrage ils ne soient condamnés pour vagabondage. Sont exceptés ceux pouvant présenter un certificat visé par le maire certifiant d'un travail assuré.

Nouvelle instruction sur l'habillement des élèves des écoles de sous-officiers, élèves officiers et élèves stagiaires des écoles d'administration.

16 mars. — Dispositions prises pour la décoration des salles d'honneur.

Seront délivrés gratuitement cette année à chaque corps de troupe deux gravures en chromolithographies, de même pour les aquarelles que les chefs de corps pourront faire copier.

Autorisation du port des jambières en cuir pour les officiers montés, aux grandes manœuvres, pendant les marches, les exercices variés et en campagne. Placées indifféremment sur la culotte ou le pantalon. Les officiers montés porteront toujours les éperons à la chevalière. La jambière en drap sera aussi autorisée pour les officiers non montés et les adjudants.

17 mars. — Arrêté du ministre pour les dispositions relatives à l'exécution des manœuvres d'automne

19 mars. — Faculté pour les corps d'assurer le blanchissage du linge de la troupe, à partir du 1er avril 1887, comme ils le jugeront préférable.

23 mars. — Décret réglant l'organisation du commandement des places fortes et la composition de leur groupe sous l'autorité des commandants supérieurs de défense.

26 mars. — Décret de réorganisation des cadres des sous-officiers de gendarmerie, créant un emploi d'adjudant au chef-lieu de chaque compagnie et un de maréchal-des-logis-chef à cheval au chef-lieu de chaque arrondissement ou section externe.

26 mars. — Circulaire annonçant les modifications faites au képi de grande tenue et tenue de jour pour les sous-officiers, élèves officiers de l'infanterie, artillerie et génie.

28 mars. — Les partitions éditées par la maison Evette et Schaffer seront seules exécutées par les musiques et fanfares à titre d'airs nationaux des puissances étrangères. Elles seront envoyées prochainement à tous les corps.

31 mars. — Publication d'une instruction donnant à la Compa-

gnie des lits militaires l'adjudication du marché pour l'exécution du service des lits.

1er avril. — Organisation et fonctionnement du service des signaleurs dans les corps d'infanterie, le personnel, les signes distinctifs des signaleurs, l'instruction à leur donner, l'emploi des signaux et le matériel mis à leur disposition.

Instruction pour les revues trimestrielles et le service courant.

Instruction pour les inspections des corps de troupe de toutes armes.

7 avril. — Instruction pour l'inspection générale du service de la gendarmerie.

9 avril. — Note ministérielle réglant le rang que devront tenir dans les cérémonies les gendarmeries des places fortes, commandants supérieurs de la défense, leurs adjoints et leurs états-majors.

Suppression du visat de la gendarmerie pour les permissions n'excédant pas quatre jours, afin d'éviter aux permissionnaires des déplacements ou pertes de temps.

Note ministérielle réglant les inspections des parcs aérostatiques passées annuellement par l'inspecteur, mensuellement par un officier de l'établissement de Chalais, délégué par le ministre. Cette dernière ne portant que sur le matériel.

12 avril. — Note indiquant les circonstances où le commandant d'un régiment actif doit exercer son action sur un régiment territorial occupant le même casernement; dans le service, la discipline du quartier, la répartition du casernement pour les exercices, les théories, la police des différents locaux, la propreté du quartier, la sûreté de jour et de nuit. Tout autre service reste la prérogative du lieutenant-colonel territorial.

15 avril. — Décision réduisant le volume du Bulletin du ministre de la guerre en ce qui concerne les instructions qui formeront un dossier à part, avec pagination spéciale en dehors des autres documents dans la partie supplémentaire; telles sont les instructions sur les inspections générales, administratives, revues trimestrielles, qui ne seront publiées que tous les cinq ans. Publication, s'il y a lieu, dans l'intervalle, des cahiers des charges, programmes d'admission aux écoles.

Même règle pour les instructions des grandes manœuvres.

16 avril. — Instruction pour l'inspection générale du service de la justice militaire.

18 avril.— Note ministérielle réduisant le port de l'uniforme pour les officiers retraités aux cérémonies officielles, militaires ou privées.

20 avril. — Le ministre signale la funeste influence exercée par l'excès de travail sur la propagation de certaine maladie chez les chevaux et en fait l'observation.

Le ministre décide qu'un général pourra appeler à son état-major tout officier breveté, sans l'avoir consulté au préalable. Les généraux ne faisant aucune demande en recevront un d'office. Ils pourront prendre des capitaines comme officiers d'ordonnance, mais seulement des capitaines en second dans l'artillerie et le génie.

23 avril. — Application d'un décret du 4 avril relatif au service des places fortes et des modifications dans les circonscriptions des directions du génie et de l'artillerie.

Autorisation pour les officiers de prêter leur concours à l'association française de topographie, de gymnastique, de tir, sans que leur service en souffre, et que les cours soient facultatifs et gratuits.

23 avril. — Décision ministérielle pour les exercices de nuit, leur importance encore si peu sensible, en habituant les hommes à la marche de nuit sur tous terrains et en tout temps. On arrive aux exercices de sûreté en station, puis à diverses applications. Ces exercices auront lieu pendant la dernière moitié de la nuit et terminés au lever du soleil, le tableau du service journalier ne reprendra qu'à midi pour ces troupes. L'esprit d'initiative des officiers sera ainsi développé avec leurs qualités militaires, et les soldats perdront cette appréhension des mouvements de nuit et des surprises.

Les populations seront prévenues d'avance.

Autorisation pour les corps de remplacer, jusqu'à concurrence de moitié, les clairons actuels, qui deviendront hors de service, par un clairon nouveau modèle, dit *clairon chasseur*, présentant plus d'avantage de justesse et de portée sans fatiguer l'exécutant, son pavillon étant tourné en arrière vers la troupe en marche.

Modifications nombreuses pendant le trimestre apportées au service de santé.

Organisation du cours de télégraphie optique au Mont-Valérien, indication du personnel des réunions temporaires annuelles à ce fort, cadres d'instruction, programmes, convocation annuelle, répartition des élèves en catégories, notes à donner et rapport d'ensemble.

Une note du 16 mai organise, en 1887, des écoles régionales de télégraphie légère pour cavaliers télégraphistes à Paris, Mont-Valérien, camp de Châlons, Lyon et Saumur. Durée de la période d'instruction, deux semaines.

24 avril. — Réglement ministériel des conditions d'examen que devront subir, en 1887, les officiers supérieurs et les capitaines de toutes armes, candidats au brevet d'état major.

Note ministérielle déterminant la composition des chefferies du génie par suite de la réorganisation des directions de l'armée.

29 avril. — Instruction pour l'inspection générale du service de santé.

Instruction spéciale pour l'inspection générale de l'artillerie, celle du train des équipages et celle des corps d'infanterie.

2 mai. — Décret réglant l'avancement et les droits au commandement des lieutenants et sous lieutenants sortant de l'armée active; l'avancement des médecins et pharmaciens de réserve et armée territoriale. Autre décision présidentielle portant sur l'avancement à l'emploi de capitaine commandant dans la cavalerie, qui aura lieu désormais sur l'ensemble de chacune des trois subdivisions de l'armée, afin d'éviter aux officiers trop de dépenses, en égalisant le plus possible les chances d'avancement à ce grade.

6 mai. — Indemnité de rassemblement allouée, pendant l'hiver, aux hommes occupant les forts de la Haute-Maurienne exposés à un froid intense.

Clas-ement des passagers à bord des bâtiments de l'État et des navires affrétés, le poids des bagages embarqués.

Instruction pour l'inspection générale du service d'état-major et des officiers brevetés.

10 mai. — Décret instituant un comité mixte de perfectionnement du régiment des sapeurs-pompiers de la ville de Paris. Amélioration du fonctionnement de service.

13 mai. — Décision présidentielle astreignant tous les lieutenants de cavalerie à suivre les cours de l'Ecole d'application pour leur avancement. La liste de classement de sortie formera le choix au grade de capitaine. Sont exceptés les officiers proposés pour faits de guerre, pour capitaine-trésorier ou d'habillement qui seront dispensés des cours de la division de cavalerie. Ils sont intercalés à leur rang d'ancienneté au tableau d'avancement.

Sera mise en vigueur, au 1er juin 1887, l'organisation des services dans les places fortes et la réorganisation des directions d'artillerie et du génie. Les officiers du génie porteront une vareuse en drap cuir laine bleu national, ou en drap de troupe doublé satin de chine ou toile de lin.

Application des prescriptions relatives à la réorganisation de l'École normale de tir.

L'officier retraité passant dans la réserve avec son grade a le commandement sur les officiers de même grade dans l'armée active, sa nomination étant à une date postérieure.

16 mai. — Il n'est fait aucune déduction du temps passé en retraite, n'étant pas classé dans la réserve de l'armée active.

Autorisation pour les généraux de brigade commandant une subdivision territoriale de prendre deux secrétaires (un caporal et un soldat) pour les généraux commandant une simple brigade, un seul secrétaire-soldat qui pourra passer caporal sur place.

20 mai. — Instruction pour les inspections administratives des corps de troupes de toutes armes, établissements militaires, hôpitaux et écoles.

Instruction pour l'inspection générale du service de l'intendance et des corps de cavalerie.

25 mai. — Instruction pour l'inspection générale des établissements de service des poudres et salpêtres.

Le rapide et cependant considérable énoncé de l'œuvre *grandiose* (le mot est du *Times*), du général Boulanger comme ministre de la guerre, prouve qu'il a bien employé son temps; il témoigne de son incessante préoccupation du rétablissement des forces de la France, de son ingéniosité à chercher l'allégement des charges budgétaires et de son désir d'amélioration des conditions d'existence du soldat à tous les degrés de l'échelle hiérarchique.

Ces considérations n'ont pas désarmé les ennemis du général Boulanger. Les détracteurs habituels, ordinaires, de l'ancien ministre de la guerre ne sont généralement pas des gens du métier, blâmant avec des arguments techniques telle ou telle réforme.

Nous pouvons donc nous dispenser de répondre techniquement à certaines attaques, ce qui, bien que facile, nous obligerait à de longues digressions aussi bien qu'à des études spéciales que nous n'avons pas la prétention d'aborder.

Il nous paraît cependant nécessaire de faire ressortir d'une façon spéciale, ce qui pour nous, pour tous les Français aurait dû mettre le ministre de la guerre en dehors de toutes les polémiques malveillantes.

La mobilisation. — Toutes ses mesures ont tendu à la mobilisation rapide de notre armée, en cas de guerre ; non pas cherchée, nous devons le faire remarquer, mais subie. Or, NOTRE MOBILISATION QUI DEMANDAIT CINQ JOURS, PEUT S'OPÉRER A L'HEURE ACTUELLE, EN DEUX JOURS.

C'est donc une avance de trois jours gagnée sur ses prédécesseurs ; et, trois jours au début d'une guerre, c'est la CONFIANCE, c'est peut-être la VICTOIRE.

On a pu voir par quelques mesures ultérieurement rapportées, que les critiques raisonnables, raisonnées avaient leurs grandes entrées dans l'esprit de celui qui les avait édictées ; cette absence complète de tout parti-pris, d'entêtement eut dû être appréciée, ce nous semble.

Relevons donc seulement, en passant — pour en faire ressortir le peu de fondement — les principales critiques formulées contre l'activité rare du réformateur de l'armée française.

Ces critiques sont de deux sortes, et puisent leurs déductions dans la routinerie ou dans les divergences politiques.

Comme novateur, le ministre devait certainement s'attendre à voir s'ameuter contre lui tout le ban et l'arrière ban des ronds de cuir, qui, embusqués dans les bureaux de la guerre, les pieds au chaud pendant l'hiver, au frais pendant l'été, poursuivent leur douce existence et gagnent facilement leurs galons dans la marche régulièrement lente des engrenages administratifs.

Ceux-là, devant les créations nouvelles, étonnés, effrayés du surcroît de travail, surpris de l'activité incessante exigée d'eux par un jeune chef, donnant l'exemple, ont nécessairement poussé les hauts cris.

Ils étaient dans leur rôle.

Un ministre osait prendre sur leurs loisirs illimités, osait secouer l'agréable torpeur engendrée par le calme du *far niente*, osait occuper leur esprit de détails oubliés depuis nombre d'années dans le poudreux des cartons, osait leur demander d'apporter leur contingent d'efforts dans l'activité commune, osait leur commander de concourir à la réorganisation générale, osait les contraindre de renoncer au doux bercement de la routine et de la paresse.

Ce ministre pour ces malheureux somnolents n'était qu'un dangereux révolutionnaire.

Tous criaient — au début du moins! — et les bureaux, sans nul doute, furent les inventeurs, sinon les propagateurs de l'étrange maxime suivante, qui fut bientôt celle de quelques cervelles habituellement logiques :

— « Réorganiser, quand l'ennemi est menaçant, c'est augmenter le danger pour la France. »

Le danger s'évertuait-on à répliquer, c'est au contraire la déesse routine si longtemps respectée, c'est telle ou telle défectuosité de notre organisation.

Allons donc, leur opiniâtreté répondait toujours : La réorganisation devant l'ennemi, voilà le péril immense.

Et la désorganisation actuelle?

La désorganisation!! c'est l'avalanche de réformes, de mesures nouvelles déroutant les esprits les mieux équilibrés!

Selon les ronds de cuir, quand il manque des boutons aux guêtres, les recoudre, c'est désorganiser : les guêtres étaient restées si longtemps sans boutons que vouloir en remettre devait passer pour une pensée absolument subversive et révolutionnaire des habitudes des bureaux ou des commissions.

Les commissions ne croient pas être faites pour imaginer, créer, chercher, comparer.

Leur rôle, d'après elles, doit se borner à la stricte exécution d'ordres aussi âgés que la plus vieille culotte de peau.

Avec les commissions, si elles avaient été instituées par Chilpéric, nous devrions encore en être, en fait d'armes offensives, au bouclier et à la framée des anciens Francs.

Nous comprenons donc parfaitement le tolle qui s'éleva dans la fosse aux ours devant l'esprit d'initiative et l'activité dévorante du jeune ministre. On ne pouvait le considérer que comme l'ennemi le plus acharné des gens tranquilles, assis et rassis; on se ligua contre ce rude adversaire.

La France, fort heureusement, a des aspirations vers le nouveau, vers le mieux, elle n'épouse pas toutes les querelles des partis politiques, elle ne partage pas les animosités trop inconsidérées, trop flagrantes, aussi a t-elle soutenu, poussé le réformateur, quand elle a senti qu'il avait le courage de saper les vieux abus jusque dans leurs fondations, jusque dans leurs racines afin de reconstruire solidement, sainement notre édifice militaire.

Le général Boulanger fut définitivement taxé de révolutionarisme.

Or, les révolutionnaires dans son genre, on les compte, mais pas par milliers dans la suite des siècles.

Le Créateur fut le premier pour avoir transformé le chaos; le Christ, un révolutionnaire pour avoir démoli le paganisme et introduit des idées nouvelles dans la société antique; Galilée, un révolutionnaire qui dut faire amende honorable à l'ignorance de son temps; l'imprimerie une révolution comme la mélinite et le nouveau fusil. Le progrès n'est cependant qu'un enchaînement de révolutions pour les *laudatores temporis acti;* c'est-à-dire la routine et la réaction, puisque le progrès est une évolution continue vers le mieux, qui n'est pas toujours l'ennemi du bien.

Les vieux partis politiques incriminent toutes les mesures

nouvelles, uniquement par ce qu'elles tendent à démocratiser l'armée. Ils n'admettent pas, ou guère, que la carrière militaire ne soit plus l'apanage des familles nobles, que les grades ne soient plus le privilége exclusif des favoris de la cour; depuis les satires sanglantes de Paul-Louis Courrier, ils ont marché, mais si doucement, qu'ils en sont presque encore à réclamer comme une chose due ce favoritisme qui condamnait le paysan ou le fils de l'ouvrier sous les drapeaux à une existence de galérien.

A cette époque déjà si lointaine et cependant encore près de nous, tout était pour le mieux dans la meilleure des armées.

Depuis l'introduction de l'idée démocratique dans l'armée, de vieux esprits honnêtes, mais chagrins, se croient lésés et ne cessent de gémir; les récriminations de ces vieux esprits étaient donc fatales en présence d'une plus large démocratisation de l'armée pour le salut de la patrie mutilée, amoindrie.

Et cependant! en matière de réorganisation chaque mouvement en avant, n'en appelle-t-il pas un autre!

Au lieu de plaisanter sur les adoucissements apportés au sort du simple soldat, au lieu de protester contre certains avantages accordés aux sous-officiers, n'eût-on pas dû penser, qu'il fallait que les réformes partissent d'en-bas pour remonter successivement jusqu'aux grades supérieurs.

Était-il permis d'admettre, sans parti pris, que l'officier pouvait en être amené à envier la situation avantagée de ses subalternes?

On a pris, pour un vain étalage de radicalisme, pour une basse flatterie à l'adresse des déshérités de la fortune ou du nom, ce qui n'était qu'une œuvre véritablement humanitaire, patriotique, nationale, d'amélioration générale pour les militaires de tous grades.

On a cherché à voir dans les mesures les plus urgentes appelant d'autres mesures décidées en principe, mais attendant leur jour, une sorte de privilége accordé au peuple au détriment des classes habituellement dirigeantes.

Il ne faut pas oublier, et malheureusement on l'a trop fait, que dans l'armée, les divergences politiques s'effacent, qu'égaux devant l'honneur et le danger, tous les citoyens sont seulement des soldats et des français.

L'armée n'a qu'un drapeau, celui de la France : elle doit ignorer les guidons des différentes coteries.

Le génerel Boulanger a su ne s'inspirer ni à droite ni à gauche, ses réformes sont toutes puisées à la même source, l'intérêt supérieur de la patrie.

Cette source, aux yeux des patriotes, sans distinction de nuances, consacrait toutes les innovations du général Boulanger, et heureusement en France le patriotisme est encore le seul parti qui n'ait plus de blasphémateur.

Le patriotisme réveillé, nous l'avons déjà dit peut-être au cours de cette étude, voilà l'œuvre, l'œuvre immense, elle est la conséquence immédiate, le corollaire inévitable du prestige rendu à l'armée, prestige que chaque mesure du jour a augmenté, en s'ajoutant à la mesure de la veille.

Entraînés longtemps, paralysés toujours par un courant de coupable insouciance qui laissait dormir dans nos cœurs la pensée des revendications sacrées, nous avions oublié l'armée, on ne s'occupait que rarement de ce qui pouvait bien se passer au ministère de la guerre ou dans les commissions ; le respect s'en était allé et avec lui la confiance.

On souriait aux efforts des derniers illusionnés et même dans les partis politiques agissants, avancés, on parlait le moins possible du militaire.

Parfois, il y avait dans la foule — mais dans la foule seulement — des courants inconscients, des explosions spontanées d'enthousiasme pour quelque régiment revenu hâve, bronzé, diminué, d'une lointaine campagne.

Le tambour battant aux champs, faisait-il toujours battre les cœurs?? L'armée enfin semblait être devenue un rouage administratif et un rouage onéreux.

Le pays dormait depuis quinze ans quand le général Boulanger est arrivé au ministère ; il faut avoir le courage de le dire ; il l'a réveillé comme on réveille un homme assoupi à qui l'on frappe sur l'épaule.

Le pays a écouté le ministre; il l'a encouragé, il l'a suivi, il a repris peu à peu conscience de sa force, de sa dignité devant les dangers et les menaces du dehors.

Ce fut un brusque réveil, et les premières paroles, les premiers actes, ont vibré comme les notes aigües du clairon ; les journaux se sont trouvés tout remplis de questions militaires, on n'a plus écrit que sur l'armée, on n'a plus parlé que de l'armée.

Le chauvinisme a reparu, ardent, sincère, raillé par les uns, surchauffé bientôt par les autres.

L'effet qui résulte de l'ensemble des travaux accomplis est donc considérable, voilà l'œuvre morale, nationale.

On peut critiquer, mais il faut être bien ignorant du sentiment public pour méconnaître combien certains détails, futiles en apparence, contribuent à exciter l'esprit militaire chez les moins belliqueux.

Cet esprit, qui paraissait jusqu'ici comme le privilége exclusif de certaines provinces plus éprouvées par la dernière guerre, s'est généralisé, s'est ranimé maintenant dans toutes les parties du territoire français.

Les glorieux souvenirs, les regrets poignants sont revenus à l'esprit et au cœur de tous.

On en est venu à envisager l'avenir avec calme, les espérances ne passent plus pour des songes creux.

Les gamins suivent dans les rues les régiments qui passent.

Tout Paris se presse aux retraites aux flambeaux.

Les braves, revenus du Tonkin, sont acclamés dans les revues, et dans un élan patriotique, retentit soudain, au milieu des acclamations à l'armée, comme un remercîment à son Chef, le cri de : « *Vive Boulanger!* »

La population parisienne si sceptique, si indifférente, si gouailleuse, s'enthousiasme, grossit la popularité du ministre ;

c'est par toute la France, comme une traînée de poudre, démontrant une fois de plus, que les idées se personnifient dans les hommes.

Après l'enthousiasme pour Gambetta, représentant la guerre à outrance, — UN SOUVENIR, — on saluait le soldat représentant la revanche, — UNE ESPÉRANCE.

On avait crié : « *Vive l'armée!* » avant de crier : « *Vive Boulanger* » *!* et si le second cri étouffait le premier, c'est qu'il les résumait tous les deux, c'est qu'il était comme la devise du relèvement national, c'est qu'il était comme le prélude d'un renouveau dans le patriotisme français.

L'Allemagne s'est effrayée de cette popularité grandissante, elle a contribué à l'augmenter encore, à la consolider.

Le général Boulanger devint pour elle l'homme dangereux.

L'œuvre morale du ministre, découlant directement de son œuvre matérielle devint la cible criblée des attaques les plus ridicules.

On l'accusa d'entretenir lui-même sa popularité à grands renforts d'argent, sans penser ou en sachant bien qu'il eut fallu le pactole pour soutenir une semblable propagande rayonnant sur toute la France aussi bien qu'à l'étranger.

Les auteurs de nombreuses biographies, de portraits, avec un flair bien excusable, avaient tout simplement compris que le sentiment patriotique est une corde sensible qu'il est lucratif de faire vibrer — en librairie. — Il nous paraît, en tous cas, plus honnête de compter sur ce sentiment, plutôt que sur les vices et les passions dégradantes des lecteurs.

Le général a prouvé jusqu'au bout qu'il était un loyal soldat.

Nous ne reviendrons donc pas sur ces odieuses calomnies, qui n'atteignent que la France, en ralentissant son ardeur nationale, qui atteignent surtout l'Alsace-Lorraine, reprise de confiance en nous.

Nous nous bornerons à constater qu'actuellement le mot d'ordre de la politique nouvelle tient dans ces deux mots : *sans bruit!*

On prétend qu'on va travailler *sans bruit*, faire son devoir *sans bruit*, tenir sa place *sans bruit*... tout et toujours *sans bruit.*

Et l'Alsace-Lorraine !! plus que jamais éloignée de nous, on y pensera sans doute encore, mais.... SANS BRUIT.....

La France jugera entre les deux systèmes : celui du patriotisme exubérant et celui du *sans bruit ;* son verdict ne se fera peut-être pas attendre.

On a essayé de quelques biographies, de quelques images représentant les nouveaux ministres ; elles ne se vendent pas, et l'on en est toujours à « *Il reviendra....* » ou à « *Celui que nous voulons...* »

Ce n'est plus ça ! à l'air de dire le parisien qui passe ; et si ce n'est plus ça, c'est que la popularité ne se lègue pas en héritage et ne vient qu'à son temps, après le travail, après l'œuvre.

La date, en cette occurence, est la principale chose à considérer, car elle établit la différence, entre le sacre dans l'ancienne monarchie et le sacre populaire à notre époque démocratique.

La popularité est une moisson tardivement récoltée au prix d'un labeur suivi, et, pour personne, la moisson ne lève avant les semailles.

Le nouveau ministre peut être à la hauteur de sa situation, mais son prédécesseur l'a rendue difficile à tenir dignement, sans défaillance.

Le *sans bruit !* n'est pas dans nos cordes, et, pour nous, c'est la carte des impuissants !

Aurons-nous au moins, après avoir rassuré l'Allemagne, le bonheur ineffable de voir reprendre les affaires, grâce à une fraternisation inattendue des Bourses de Berlin et de Paris ?

C'est une question que la dignité nationale ne nous permet pas de résoudre, car ce serait une accusation pesante pour le nouveau ministère d'affaires. Même si, comme quelques-uns s'en flattent, la politique de désœuvrement, d'effacement doit remplir nos coffre-forts, il n'est pas douteux que la grande majorité des Français préfèrera se laisser guider par un plus noble sentiment, que celui de l'amour du gain par Celui de la Patrie.

De l'œuvre du général Boulanger se dégage un patriotisme entraînant, communicatif qui doit réunir tous les Français dans une seule et unique pensée — ESPÉRANCE — pensée incarnée pour le peuple, dans un Nom, qui est sur les lèvres de tous.

La chute du ministère, sur une question budgétaire générale, n'atteint, ne peut atteindre le général Boulanger qui avait su ménager comme ministre de la guerre d'importantes économies dont profitera son successeur.

Il avait su, à côté des économies, préparer des ressources nouvelles, sans grever de nouveaux impôts les charges déjà lourdes des contribuables. Le déclassement des bâtiments militaires de l'État, affectés aux logements des officiers, était de nature à procurer, dès la régularisation de la mesure, une somme respectable de millions, en dehors des économies annuelles.

Ce déclassement s'opèrera-t il régulièrement, sérieusement, on doit l'espérer, si les commissions chargées d'y veiller et de le préparer veulent bien s'en occuper.

Enfin !

La Patrie heureusement résiste à tous les contre-temps, poursuivant sa pensée ou celle de ses héros populaires, jusqu'à ce qu'elle ait atteint le but désigné.

Plus forte que les gouvernements d'un jour, d'un mois, d'un an, d'un siècle, la France persévère dans les œuvres bonnes et justes; elle persistera dans la voie qui lui a été si patriotiquement tracée en se souvenant que le chansonnier à dit d'Elle :

Tu peux tomber, mais c'est comme la foudre
Qui se relève et gronde dans les airs.

FIN

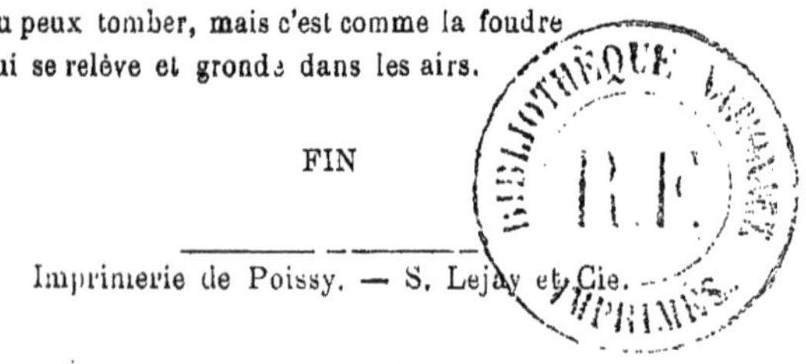

Imprimerie de Poissy. — S. Lejay et Cie.

www.ingramcontent.com/pod-product-compliance
Ingram Content Group UK Ltd.
Pitfield, Milton Keynes, MK11 3LW, UK
UKHW020141200726
13856UKWH00003B/794